JÖRG ALT

HANDELT!

JÖRG ALT

HANDELT!

EIN APPELL AN CHRISTEN UND KIRCHEN, DIE ZUKUNFT ZU RETTEN.

Vier-Türme-Verlag

Bibliografische Information der Deutschen Nationalbibliothek

Die Deutsche Nationalbibliothek verzeichnet diese Publikation in der Deutschen Nationalbibliografie. Detaillierte bibliografische Daten sind im Internet über http://dnb.d-nb.de abrufbar.

1. Auflage 2020

Lektorat: Marlene Fritsch
Umschlaggestaltung: Finken und Bumiller, Stuttgart
Druck und Bindung: Pustet, Regensburg
ISBN 978-3-7365-0295-6

www.vier-tuerme-verlag.de

INHALT

Geleitwort

Wir leben in einer Welt des massiven Umbruchs – technologisch, ökonomisch, sozial und ökologisch. Solche Zeiten sind in besonderer Weise auf Orientierung angewiesen. Sie lösen nachvollziehbare Ängste und Widerstände aus. Ohne einen klaren Kompass übernehmen schnell die falschen Stimmungen und Energien das Zepter. Beim Blick auf die aktuelle Nachrichtenlage bekommen wir einen Eindruck davon.

»Kompass-Institutionen« sind daher aktuell in besonderer Weise gefragt und gefordert. Die Kirchen sind eine solche »Kompass-Institution«. Sie haben aktuell mit vielen internen Herausforderungen zu kämpfen – vom Mitgliederschwund bis zu öffentlich verhandelten Skandalen. Daher bindet derzeit in den Kirchen die Beschäftigung mit sich selbst viel Energie. Gleichzeitig wird aber ihre orientierende Kraft außen in hohem Maß benötigt. Die Wirkung der päpstlichen Enzyklika »Laudato Si« und ihr großer Einfluss auf die globale Klimadebatte hat einen Eindruck zu den orientierenden Potenzialen aus den Kirchen gegeben.

Umso erfreulicher ist es, wenn kirchliche Stimmen außen hörbar werden und Impulse in die aktuellen gesellschaftlichen Debatten geben. Das vorliegende Buch leistet genau das. Es ist im besten Sinn eine »Streitschrift«, die die kirchliche Stimme hörbar werden lässt – nach außen und in die Kirche hinein.

Das Besondere an diesem Buch ist sein systemischer Blick. Denn die aktuellen Veränderungsprozesse lassen sich weder alleine individuell auflösen noch hilft eine isolierte, analytisch klare, aber folgenlos bleibende Systemkritik weiter. Jörg Alt verbindet diese Perspektiven. Er liefert eine Zeitanalyse auf drei »Leveln«. Er schaut auf die Logiken des Wirtschaftssystems (»Erster Level«) genauso wie auf den Zustand unserer Demokratie (»Zweiter Level«) und wirft vor diesem Hintergrund dann den Blick auf die Möglichkeiten des Einzelnen (»Dritter Level«). Dieser Brückenschlag kommt dabei von einem Autor, der sich auf all diesen Ebenen zu Hause fühlt: als Jesuit mit globaler Perspektive und als profilierter Vordenker und Aktivist für neue institutionelle Rahmen der Weltwirtschaft.

Geprägt haben Jörg Alt die Erfahrungen mit seinen bisherigen Reformanstrengungen: Sein Engagement für eine Finanztransaktionssteuer gegen Armut (»Robin Hood Tax«) wollte zeigen, wie praktiziertes christliches Engagement mit systemischem Blick aussehen kann. Er hat zu einer eindrucksvollen Mobilisierung beigetragen. Gleichzeitig haben ihn die ernüchternden Erfahrungen in der politischen Behandlung der in die Debatte eingebrachten Vorschläge ernüchtert und kämpferischer werden lassen. Das vorliegende Werk ist Ausdruck davon.

Dieses Buch ist mutig. Es ist politisch. Es provoziert. Es rüttelt auf. Es ist im besten Sinn aufklärerisch. Man wird sich an ihm reiben – und das ist gut so.

Jörg Alt scheut nicht davor zurück, seine Kritik offen und pointiert zu formulieren und auf griffige Formeln zu bringen. Er hat den Mut, auch komplexe Zusammenhänge für eine offene Auseinandersetzung klar auf den Punkt zu bringen. Er hält mit den ganz persönlich erlebten Ernüchterungen nicht hinter dem Berg. Dadurch ist das Buch auch sehr persönlich und gibt viel über den Autor selbst preis. Jörg Alt ist sich der damit verbundenen Flanken bewusst und geht reflektiert damit um.

All das baut auch Brücken. Denn es liegen inzwischen viele kluge Analysen der Dysfunktionalitäten des aktuellen Wirtschaftssystems und des zerbrechlichen Geflechts von Demokratie und Kapitalismus vor. Doch erreichen diese oft nur ein sehr kleines Fachpublikum. Jörg Alt macht die Herausforderungen durch diesen Text einem sehr viel breiteren Leserkreis zugänglich.

Er zeigt auf, dass die katholische Soziallehre einen umfassenden Kompass zur Orientierung zu bieten hat. Damit wird klar, welche Bedeutung christliche Orientierungen für die aktuellen Transformationsdebatten bereithält.

Man kann nur Danke sagen für diese erfrischenden und klaren Worte aus dem Herzen der Kirche und würde sich mehr solcher streitbaren Beiträge wünschen. Sie helfen, die bestehenden »Silos« und »Blasen« zu durchbrechen.

Freuen Sie sich auf die Lektüre und lassen Sie sich aufrütteln!

Prof. Dr. Uwe Schneidewind

Präsident des Wuppertal Institutes
für Klima, Umwelt, Energie

Vorwort und Dank

Als die CSU-geführte Bayerische Staatsregierung im April 2018 das Aufhängen von Kreuzen in staatlichen Gebäuden verfügte, wurde ich Mit-Initiator eines Offenen Briefes zu den »Kennzeichen Christlicher und Sozialer Politik«. Damals fragte mich der Vier-Türme-Verlag, ob ich nicht ein Buch im Sinne und Stil eines »Bekenntnisses zu meinen Argumenten, Handlungs- und Denkweisen« schreiben wolle – allerdings war ich seinerzeit daran nicht interessiert.

Inzwischen glaube ich, dass es aus zwei Gründen nötig ist, sich erkennbarer zu positionieren: zum einen, um auf der öffentlichen Bühne den Einfluss von Nationalisten, Populisten und Prä-Faschisten zurückzudrängen, zum anderen, um jene wachzurütteln, die glauben, alles sei nicht so schlimm und überhaupt hätten wir noch viel Zeit. Wir sind keine »Angstkirche«, wie sie Höcke und Co. in ihren Reden attackieren – es gibt gute Gründe zur Sorge!

»Es gibt nichts Gutes, außer man tut es«, sagte Erich Kästner. Entsprechend scheint mir, dass vom traditionellen Dreischritt der Katholischen Soziallehre, nämlich Sehen – Urteilen – Handeln, ein klares Defizit beim letzten liegt: Die Probleme sind erkannt, die Bewertung ist erfolgt und Lösungen sind auf dem Tisch. Nur mit der Umsetzung hapert es. Warum? Das hat viele Gründe. Ich möchte meine Sicht der Dinge darlegen.

Ich danke meinen afrikanischen Gesprächspartnern, die maßgeblich dazu beitrugen, dass ich mich überhaupt solchen Fragen und Themen zugewendet habe, etwa mit der einfachen Frage: Wie können wir verhindern, dass unsere jahrelange Forschungskooperation zu Steuergerechtigkeit und Armut bloße Symptomkurierung bleibt?

Ich danke ebenfalls den zwölf Gegenlesern meines ersten Textentwurfs für ihre vielen Verbesserungsvorschläge, meiner Lektorin Marlene Fritsch für die Begleitung dieser Publikation, dem Wissenschaftlichen Beirat bei der Bundesregierung für Globale Umweltveränderungen für die Nutzungserlaubnis der Grafik auf Seite 99 sowie Prof. Dr. Uwe Schneidewind für sein Geleitwort.

Einführung

Seit über 30 Jahren bin ich als Jesuit und Priester in der gesellschaftspolitischen Kampagnen- und Anwaltschaftsarbeit tätig, denn ein wichtiges Ordensmotto, dass nämlich der Einsatz für »Glauben und Gerechtigkeit« miteinander in Beziehung stehen, hat mich zu den Jesuiten geführt. Dabei ist »Anwaltschaft« zu unterscheiden von »Lobbyismus«: Letzterem geht es um eigene Interessen, Ersterer um die Interessen jener, die selbst keine Lobby haben, etwa Arme ohne die Möglichkeit, sich passend zu artikulieren, oder Menschen, die keinen Einfluss auf unsere Entscheidungen haben, aber von deren Auswirkungen betroffen sind.

Die Frohe Botschaft von Jesus Christus muss schon in dieser Welt konkrete Auswirkungen haben. »Obschon der irdische Fortschritt eindeutig vom Wachstum des Reiches Christi zu unterscheiden ist, so hat er doch große Bedeutung für das Reich Gottes, insofern er zu einer besseren Ordnung der menschlichen Gesellschaft beitragen kann« (GS Nr. 39). Oder: Jesus ist Mensch geworden, »um das umfassende Heil zu bringen, das den ganzen Menschen und alle Menschen erfassen soll« – so das Kompendium der Katholischen Soziallehre im eröffnenden

Absatz Nr. 1 und so auch Papst Johannes Paul II. und Papst Benedikt XVI.

Damit es so kommt, dazu gehört eben auch gesellschaftspolitisches Engagement. Das bedeutet »die Gesamtheit der Institutionen, die das soziale Leben rechtlich, zivil, politisch und kulturell strukturieren, einerseits zu schützen und andererseits sich ihrer zu bedienen ... Das ist der institutionelle – wir können auch sagen politische – Weg der Nächstenliebe, der nicht weniger tauglich und wirksam ist als die Liebe, die dem Nächsten unmittelbar ... entgegenkommt« (CIV Nr. 6f.). Auch wenn die Kirche keinen Anspruch erhebt, so Benedikt andernorts, die Arbeit von Staat oder Politik (besser) machen zu wollen oder zu können, so hat sie sehr wohl den Anspruch, den Staat an seine fundamentalen Aufgaben und Grundwerte zu erinnern und zur Werteschärfung und Gewissensbildung in der Gesellschaft beizutragen (DCE Nr. 26ff.).

Es gab und gäbe also vieles für mich zu tun. Warum unterbreche ich jedoch meine Arbeit, um dieses »Bekenntnis« zu schreiben? Das möchte ich veranschaulichen: Mir kam zunehmend der Verdacht, dass ich mich auf der falschen Problemebene engagiere und verzettele: Meine letzte Kampagne zielte auf die Einführung einer »Steuer gegen Armut«, später bekannt als »Robin Hood Tax«: Jede Finanztransaktion sollte einem winzigen Steuersatz zwischen 0,01 und 0,1 Prozent unterworfen und mit den so eingesammelten Milliarden Armut und die Folgen des Klimawandels eingedämmt werden. Mit nahezu 60.000 Unterschriften unter einer Petition wurde das Thema auf die Tagesordnung der deutschen Politik gehoben, es folgten mehrere Parlamente und Regierungen in Europa, die EU-Kommission, das EU-Parlament und viele vergleichbare Bündnisse weltweit. Das Ergebnis? Nach neun Jahren zäher Verhandlungen ist die Finanztransaktionssteuer von der Finanzlobby zu einer Aktiensteuer zerschossen worden, die die Realwirtschaft belasten würde, den Finanzsektor und seine Spekulanten aber davonkommen ließe. Gab es je eine vielversprechendere internationale zivilgesellschaftliche Bewegung, um den Finanzsektor stärker an den Kosten für das Gemeinwohl zu beteiligen? Nein! Und dennoch hatten wir keine Chance!

Sodann nahm ich im Herbst 2017 an einer Veranstaltung zum Thema »Finance & Social Justice« teil. Sie wurde organisiert von Altschülern der Jesuiten. Eine beachtliche Anzahl der Referenten vertrat jedoch neoliberale Positionen: Wenn, ja wenn die Märkte nur freier agieren könnten, dann, ja dann würden die Segnungen des Neoliberalismus deutlicher erkennbar werden! Ich fragte mich: Nach all den bekannten Krisen und wachsenden Alarmsignalen gibt es selbst im kirchlichen Bereich immer noch Leute, die dies ernsthaft glauben? Ich merkte spätestens dort, warum man mit diesen Menschen nicht diskutieren kann: Sie glauben an die Wahrheit ihrer Grundannahmen mit religiöser Inbrunst. Wer aber an all das glaubt, für den sind Argumente innerhalb seines Denksystems sehr folgerichtig, logisch und sinnvoll, während alles, was dagegenspricht, irrationaler Unfug ist. Mir wurde klar: Will man dem begegnen, braucht man eine alternative Vision von Gesellschaft, in deren Rahmen die eigenen Argumente ebenso stimmig hineinpassen und logischen Sinn machen. Vom Kampf der Argumente zum Kampf alternativer Weltbilder, Narrativen, Paradigmen und Systeme also.

Last not least: Seit Jahren leiden wir unter unsäglichen Migrationsdebatten, 2018 nicht zuletzt deshalb, weil die *Christlich* Soziale Union Landtagswahlen in Bayern hatte. Plötzlich war »Migration die Mutter aller Probleme« (Parteivorsitzender Seehofer), der »Dschihad Fluchtursache Nummer 1« (Werteunion) und Ministerpräsident Söder kramte die Metapher des »Asyltourismus« wieder hervor, die 1988 bereits von CSU-Sozialminister Hillermeier verwendet wurde. Dabei sind Teile der CDU, was das Schielen nach Rechts betrifft, nicht viel besser: 2019, dem Jahr ostdeutscher Landtagswahlen, kurz nach der Ermordung von CDU-Regierungspräsident Lübcke durch einen Rechtsextremen und weiteren Morddrohungen aus demselben Milieu gegen CDU-Bürgermeister und andere Verantwortungsträger, denken ostdeutsche CDU-Politiker in Sachsen und Sachsen-Anhalt öffentlich und ernsthaft über die Koalitionsfähigkeit der AfD nach. Zudem werden zunehmend Kooperationen zwischen CDU und AfD auf kommunaler Ebene bekannt – allen Eindämmungsversuchen der Parteiführung zum Trotz. Warum nur laufen Mitglieder derart traditionsreicher Parteien mit großer Vergangenheit den Rechten hinterher, anstatt ihnen auf der Grundlage christlicher Werte Widerstand zu leisten? Warum verschärft man wegen einiger Zehntausend besorgter PEGIDA-Bürger die Asylgesetze drastisch, während 1,4 Millionen besorgte FridaysForFuture-Bürger lediglich zu einem »Klimapaketchen« führen, welches weit hinter den wissenschaftlich festgestellten Mindesterfordernissen bleibt? Dabei ist Klimaschutz doch auch Fluchtursachenbekämpfung, also eine Win-Win-Situation für alle!

Hinzu kommen Greta Thunberg, die FridaysForFuture-Bewegung und Rezos Video, die mir nahelegen, dass wir Alten mehr tun müssen, um die junge Generation in ihrem Bemühen um unsere Zukunft zu unterstützen – auch und gerade in der Kirche, wie etwa den BDKJ und seine Gliederorganisationen.

Zeitlebens fragte ich mich: Was würde Jesus heute von uns erwarten? Und zunehmend komme ich zu der Einsicht, dass die Katholische Kirche mit der Katholischen Soziallehre ein Instrumentarium besitzt, welches als normativer Kompass in diesen verwirrenden Zeiten dienen könnte. Aber: Was folgt daraus für die Schwerpunkte meines Engagements sowie das von Christen und Kirche?

Bevor ich meine Darlegungen beginne, noch einige Vorbemerkungen:

- Mir ist bewusst, dass man Bibel und Katholische Soziallehre im In- und Ausland auch anders lesen und interpretieren kann, siehe z. B. Hengsbach, Emunds & Möhring-Hesse, 1993. Aber da das Folgende meine persönliche Sicht der Dinge ist, erläutere ich diese möglichst einfach, ohne abweichende Positionen zu kommentieren. Entsprechend erhebe ich keinen akademischen Anspruch.

- Natürlich steht auch meine persönliche Sicht in einem Kontext – deshalb nenne ich an vielen Stellen weiterführende Lesehinweise. Hinsichtlich päpstlicher Lehrschreiben zitiere ich dabei bewusst weniger die »üblichen Verdächtigen« wie Johannes XXIII. oder Franziskus, sondern eher Konservative wie Benedikt XVI. oder Johannes Paul II.

- Wie im Vorwort gesagt, sind diese umfassenden Fragestellungen ziemlich neu für mich; deshalb schreibe ich über das Wenige, das ich kenne.

Natürlich hat beispielsweise die Evangelische Kirche auch eine Sozialethik, aber die kenne ich eben zu wenig. Umgekehrt bin ich sicher, dass vieles, was ich im Hinblick auf die Katholische Kirche sage, auch auf andere Kirchen Anwendung finden kann. Vieles beispielsweise aus dem konziliaren Prozess der Ökumenischen Versammlung für Gerechtigkeit, Frieden und die Bewahrung der Schöpfung könnte gemeinsam aufgegriffen, aktualisiert und mit neuer Dringlichkeit gemeinsam vorangetrieben werden.

- Ich versuche einen Spagat zwischen der Dringlichkeit der Probleme und einer vernünftigen Abwägung im Sinne des Apostels Paulus: »Prüfet alles und behaltet das Gute« (1 Thess 5), oder von CDU-Mitglied und Historiker Prof. Andreas Rödder: »Konservative verteidigen heute … das Neue von gestern, das sich auch bewährt hat« (2019).

- Die Sprache ist aufgrund der Lesbarkeit weitgehend »ungegendert«.

- Tagesaktuelles findet Berücksichtigung bis zum 21. Oktober 2019.

Sehen: Die Megakrisen der heutigen Zeit

Die Katholische Soziallehre folgt drei Schritten: »Sehen – Urteilen – Handeln«. Entsprechend möchte ich mit Ihnen zunächst einmal einen Schritt zurücktreten und fragen: Was sind eigentlich die richtig großen Probleme, die »Megakrisen« der Gegenwart und somit die tieferen Ursachen hinter den tagespolitischen Aufgeregtheiten unserer Zeit?[1]

Die Probleme: Erster Level

Finanz- und *Offshore*-Kapitalismus

Da ist zunächst die heute dominierende neoliberale Ausformung des Kapitalismus, nämlich Finanz- und *Offshore*-Kapitalismus, dessen entfesselter Siegeszug mit dem Mauerfall, dem »Ende der Geschichte« (F.

---

1 Zu den nachfolgenden Erkenntnissen kam ich in erster Linie durch die Arbeiten am Forschungsprojekt »Tax Justice & Poverty«, z. B. Alt & al., 2016b, Alt, 2016 sowie durch mein Diskussionspapier Alt, 2018.

Fukuyama) so richtig Fahrt in Richtung eines Turbo- und Raubtierkapitalismus aufnahm. Normalerweise sollte eine erkennbare Verbindung zwischen Kapital und der Realwirtschaft bestehen, also jenem Bereich, in dem Güter und Dienstleistungen entstehen. In den letzten Jahrzehnten entdeckte die Finanzindustrie jedoch das Potenzial, eigene Produkte zu schaffen und mit diesen selbst zu handeln, sodass sich diese zunehmend verselbstständigte, ihre Wertschöpfung von der Realwirtschaft abkoppelte und sich selbst ausgewiesene Profis fragen, worin denn der gesamtgesellschaftliche Nutzen solch »innovativer Finanzprodukte« noch bestehe.

Fest steht, dass gerade diese Form des Kapitalismus die Konzentration von wirtschaftlicher Macht sowie die gesellschaftliche Ungleichheit massiv vergrößert, weil die Einkommens- und Verdienstoptionen und entsprechend Zuwächse bei Kapitaleigentümern jene von normalen Firmeninhabern oder Arbeitnehmern weit übersteigen (Piketty, 2014). Selbst reiche Erben geben zu: Dieser »Kapitalismus schmeißt Geld nach ganz oben« (Bosch, 2018). Entsprechend gehört die Vermögensungleichheit in Deutschland zu den höchsten der Welt, während die Steuerbelastung für die Superreichen kontinuierlich abnimmt und Versuche, dies zu ändern, verhindert, gestoppt oder verwässert werden.

Hinzu kommt, dass zunehmend Kapital durch Steuerparadiese fließt, auf diese Weise Herkunft und Eigentümerschaft verschleiert werden und daher Steuereinnahmen fehlen, die für die Finanzierung von Gemeingütern wie Infrastruktur, Sicherheit oder Bildung erforderlich sind. Noch schlimmer: Diese Staaten mit ihrer Garantie von Anonymität begünstigen kriminelles Tun wie Geldwäsche, d.h. Gewinne aus Verbrechen werden plötzlich zu »sauberem« Geld, können dann beispielsweise in Immobilien investiert werden und treiben Mieten für Normalverdiener nach oben.

Geld regierte immer schon die Welt – wie viel mehr erst heute, wenn ein Mausklick Milliarden von A nach B verschieben kann oder ein Konzern einfach damit droht, Fabriken zu schließen, wenn ein Staat ihm nicht lästige Steuer-, Arbeitsschutz- und Umweltauflagen lockert!

Es sollte schließlich zu denken geben, dass immer dann, wenn wegen einer Finanzkrise Banken, Firmen und Vermögen mit Steuergeldern »gerettet« werden müssen, eine populistisch-nationalistische Gegenreaktion einsetzt. Dies war nicht nur 1929 und 2007/2008 so, sondern auch nach anderen, weniger bekannten und dramatischen Finanzkrisen seit 1870 (Funke, Schularick & Trebesch, 2015). Und so deutet in der Tat alles darauf hin, dass die zunehmend extremen Formen des Finanzkapitalismus mit Demokratie nicht koexistieren können (Merkel W., 2014).

Übernutzung und Zerstörung natürlicher Ressourcen

Selbstverständlich verdankt die Welt dem Kapitalismus ein nie dagewesenes Ausmaß an Wohlstand, aber: Das dafür erforderliche Wirtschaftswachstum ging unter anderem auf Kosten der natürlichen Ressourcen. Während der Zusammenhang zwischen unserer heutigen Produktions- und Konsumweise einerseits und dem Klimawandel andrerseits inzwischen breite Bekanntschaft erlangt hat, wird oft übersehen, dass dies nur *ein* Feld ist, wo der Mensch die natürlichen Ressourcen der Erde übernutzt und verschmutzt. Hinzu kommen beispielsweise die Übersäuerung und Überfischung der Ozeane, das Artensterben und die damit einhergehende Verkleinerung des natürlichen Genpools, das Ozonloch, die Verknappung des Süßwassers, die Schäden am Trinkwasser durch Überdüngung und Waschmittel, Mikroplastik usw. Würden alle Menschen wie die Deutschen leben, bräuchten wir drei Planeten, um dies zu ermöglichen. Fakt ist: Selbst, wenn meine Generation noch ohne größere Einbußen davonkommt, so gefährden wir aufgrund der unverrückbar feststehenden planetaren Grenzen Leben und Lebensqualität der nachkommenden Generationen. Zwar gibt es immer noch Streit über den menschlichen Beitrag zum Klimawandel, aber selbst in der AfD mehren sich inzwischen jene, die das Vorhandensein eines Klimawandels als solchen nicht mehr bestreiten. Wenn dem aber so ist: Warum widmet man diesem Thema nicht mehr konstruktiven Raum?

Geschwindigkeit und Komplexität technischer Innovation

Last not least erscheint mir die Geschwindigkeit und Komplexität technischer Innovation ein Problem zu sein, angefangen von der Atomenergie über Nano- und Gentechnik bis hin zu Informations- und Kommunikationstechnologie, Digitalisierung und Künstlicher Intelligenz. Immer wieder staune ich über das technisch inzwischen Machbare, wenn etwa mit einem 3-D-Drucker nicht nur Herzmuskelgewebe, sondern auch, wie uns der Terroranschlag in Halle zeigte, Waffen hergestellt werden und das staatliche Gewaltmonopol unterlaufen wird. Zudem wird mir zunehmend unheimlich, wenn ich realisiere, in welchem Ausmaß es Organisationen wie Cambridge Analytica gelingt, Präsidentenwahlen in den USA oder Kenia zu manipulieren, wie viele mittel- und hochqualifizierte Arbeitsplätze recht bald durch die Digitalisierung von Arbeitsfeldern wegfallen werden, oder dass »Alexa« nicht nur unsere Wünsche erfüllt, sondern auch unsere Privatkonversationen abhören kann. Daten sind der neue Rohstoff, und obwohl jeder von uns gedankenlos sein Häkchen bei den AGBs der neuesten Apps setzt, sind wir immer noch zuversichtlich, unsere Daten kontrollieren und Manipulationen durchschauen zu können. Doch wie lange noch? Oder: Wie lehren wir Algorithmen Ethik? Wir haben ein Gewissen und entscheiden in komplexen Situationen oft nach »Bauchgefühl«. Wie programmieren wir dies aber bei Maschinen, die letztlich mit 0 und 1 denken? Bei einem selbstfahrenden Auto mit moderater Fahrgeschwindigkeit ist noch programmierbar, welche Menschenleben im Konfliktfall geopfert werden sollen. Was bedeutet das aber für automatische Waffensysteme in unübersichtlichen Kampfeinsätzen? Und: Wie verhindern wir, dass selbstlernende Künstliche Intelligenz irgendwann unseren Ethik-Code über Bord wirft? Dabei gilt: Außer Experten ist hier niemand mehr in der Lage, potenziellen Nutzen und Schaden sauber abzuwägen. Dabei wäre dies wichtig, denn hier liegen vielleicht tatsächlich große Chancen für die Zukunft. Gleichzeitig geht es um unser aller Freiheit und Selbstbestimmung; zudem ist nicht alles, was technisch möglich ist, auch sinnvoll – insbesondere, wenn mögliche Folgewirkungen nicht hinreichend bekannt und mögliche Weichenstellungen unumkehrbar sind.

Zwischenbilanz

Entwicklungen innerhalb dieser drei Problemkomplexe beeinflussen und verstärken einander: Die heutige Form des Kapitalismus mit seinem Wachstumszwang forciert die Übernutzung natürlicher Ressourcen, globale Kapitalmobilität wäre ohne moderne Informations- und Kommunikationstechnologie nicht möglich, gleichzeitig trägt der außerordentliche Energiehunger des Internets und der Digitalisierung zum Klimawandel bei, vermutlich schmiedet man schon Pläne, mithilfe von Künstlicher Intelligenz die Finanzmärkte stärker steuern zu können, um am Ende das Gegenteil zu erreichen usw. Jedenfalls scheint mir: Entwicklungen innerhalb oder zwischen diesen Problemkomplexen unterliegen direkt oder indirekt, einzeln oder in Wechselwirkung, allen anderen tagespolitischen Aufgeregtheiten, die uns beschäftigen, wie etwa Migration, Organisiertes Verbrechen, Genmanipulation, Menschenhandel, Terrorismus, Verstädterung, Hasskommentare im Internet, selbst Bevölkerungswachstum.

Aber: Zu allem Vorstehenden gibt es eigentlich auch Antworten und Lösungsvorschläge. So zum Beispiel die Forderungen der FridaysForFuture-Bewegung, entwickelt mithilfe und unterstützt von ca. 27.000 ScientistsForFuture im Hinblick auf den Klimawandel, oder viele gute Vorschläge zur Re-Regulierung der Finanzmärkte. Freilich: All dies wird nicht oder bestenfalls unvollständig umgesetzt, falls es nicht gleich in der Rundablage (= Papierkorb) landet. Ergo: Das eigentliche Problem liegt nochmals eine Ebene tiefer, auf der Ebene von *Governance* (Regierungsfähigkeit) und Demokratie.

Die Probleme: Zweiter Level

Demokratie? Schön wär's!

Dani Rodrik legte überzeugend dar, dass wirtschaftliche Globalisierung, nationale Souveränität und Demokratie nicht gleichzeitig bestehen können, sondern lediglich zwei der drei auf Kosten des Dritten.[2] Entsprechend erzwangen Kapitalmobilität und »die Märkte« ein Bündnis zwischen Wirtschaft und Staaten im weltweiten »Standortwettbewerb«: Die Wirtschaft sagt, welche Standortbedingungen sie benötigt, die Regierungen schaffen diese und die Demokratie gerät selbst dort, wo sie »marktkonform« (Merkel A., 2011) umgestaltet wurde, ins Hintertreffen. Dabei haben gerade die Finanz- und Eurokrise gezeigt, dass Regierungen durchaus handlungsfähig sind und sich gegen »die Märkte« durchsetzen können. Aber auch damals haben sie

2 Rodrik, 2011. Zusätzlich zu Vorstehendem Alt, o. J.

sich unter dem Druck von »Alternativlosigkeit« über angemessene parlamentarische Verfahren hinweggesetzt: Die Euro-Rettung etwa oder das Vorgehen der Europäischen Zentralbank bei Niedrigzinspolitik und Anleihenaufkauf stabilisierte sicherlich »die Märkte«, wäre aber von den BürgerInnen ebenso sicher nicht mitgetragen worden, weil diese alles mit ihren Steuern und der Entwertung ihrer Sparguthaben bezahlen mussten und müssen. Das schwächste Glied in der Kette ist und bleibt also die Demokratie, die von oben und von unten zunehmend ausgehöhlt wird:

Von oben durch das Top 1 Prozent der privaten, betrieblichen und kriminellen Großvermögen, wobei egal ist, ob man diese Form der Herrschaft wie der US-Milliardär Hanauer als Plutokratie, wie der US-Nobelpreisträger Stiglitz als Erb-Oligarchie, wie der französische Wirtschaftswissenschaftler Piketty als Patrimonialen Kapitalismus oder wie der britische Wirtschaftswissenschaftler Freeman als Wirtschaftlichen Feudalismus bezeichnet: Diese durch persönliche Verbandelung, Lobbyismus, Betrug, Bestechung, Erpressung und Gewalt ausgeübte Herrschaft ist hocheffizient und findet im Verborgenen statt. Selbst die OECD warnt inzwischen vor einer »Policy Capture« (OECD, 2017b).

Wer dabei den Ton angibt, wird zunehmend erkennbar, etwa durch den Cum-Ex-Skandal, der erschwindelten Rückforderung von Steuerzahlungen, die nie geleistet wurden. Hier wurde zunächst eine bekannte Gesetzeslücke jahrelang nicht beseitigt, dann ein Gesetzesvorschlag vom Bankenverband übernommen, der (Überraschung!) auch keine Abhilfe geschaffen hat. Die Schäden für Deutschland und Nachbarstaaten: über 55 Milliarden Euro. Oder der massenhafte Dieselbetrug der deutschen Automobilindustrie. Die Schäden für Deutschland und Nachbarstaaten hier aufgrund falsch berechneter KfZ-Steuern: 40 bis 50 Milliarden Euro. Auf diesem Hintergrund fragt man sich, was der Unterschied zwischen »Korruption« in Entwicklungsländern und »Lobbyismus« in entwickelten Ländern ist.

In beiden Fällen werden Marktgesetze ausgehebelt und die Konzerne sowie deren Aktionäre bereichern sich auf Kosten des Gemeinwesens. Ein anderes Beispiel: Die Zerschießung der 2014 vom Bundesverfassungsgericht angemahnten Reform der Erbschafts- und Schenkungssteuer, die eine Schieflage in der Besteuerung großer Vermögen korrigieren sollte. Übrigens ganz im Sinne von Artikel 123 der Bayerischen Verfassung, die da sagt: »Die Erbschaftssteuer dient auch dem Zwecke, die Ansammlung von Riesenvermögen in den Händen Einzelner zu verhindern.« Freilich: Nach erfolgreicher »Überzeugungsarbeit« beispielsweise durch die »Stiftung Familienvermögen« und Blockaden durch Bayern und Baden-Württemberg haben wir nun ein Gesetz, welches unweigerlich wieder beim

Bundesverfassungsgericht landen wird. Dass mit beiden Bundesländern ein parteienübergreifendes schwarz-grün-rotes Regierungsbündnis für dieses Reformversagen verantwortlich ist, zeigt, wie wenig politische Überzeugungen gelten, wenn der Lobbyistendruck stimmt. Und so darf man sich nicht wundern, dass die größte »Partei« im aktuellen demokratischen Wettbewerb die der »Nichtwähler« ist.

Diese Schieflage in der demokratischen Beteiligung und Mitbestimmung wird von der Politik eher verdrängt als zugegeben. Oder warum sonst unterdrückte das Bundeskanzleramt bei der Erstellung ihres letzten Reichtums- und Armutsberichts ausgerechnet die Studie, die »eine klare Schieflage in den politischen Entscheidungen zulasten der Armen« herausfand (Elsässer, Hense & Schäfer, 2016)?

Von Brandstiftern und Biedermännern

Und so brauchte man sich auch nicht zu wundern, dass sich Nationalisten und Populisten als aufrechte Anwälte des »Kleinen Mannes« und als Gegenbewegung zum »Altparteien-« und »globalen Elitensystem« etablieren können und demokratische Errungenschaften und Institutionen von unten aushöhlen. Taktiken dabei sind spalterische Hetzreden, die »uns« gegen »die da« in Stellung bringen, das bewusste Ausreizen sprachlicher Grenzüberschreitungen und eine brillant-manipulative Ausnutzung der *Social Media*.

Das eigentlich Erschreckende ist jedoch, in welchem Ausmaß etablierte Parteien, vor allem CDU und CSU, den Rechten entgegenkommen. Wie viel Zeit wurde inzwischen etwa verplempert, wie viele Menschenleben hat es gekostet, weil es »rechts von der CSU keine demokratisch legitimierte Partei geben darf« (F. J. Strauß) und weil sich deswegen Bundesregierung und Öffentlichkeit mehr mit Grenzsicherung als mit Fluchtursachenbekämpfung beschäftigen!

Oder: Welchen Respekt vor engagierten Bürgern verrät Innenminister Seehofer, wenn er sich im Sommer 2019 damit rühmte, er habe ein wichtiges Gesetz seines Migrationspakets »ganz stillschweigend eingebracht, ... das erregt nicht so. Ich hab jetzt die Erfahrung gemacht in den letzten fünfzehn Monaten: Man muss Gesetze kompliziert machen, dann fällt es nicht so auf. Wir machen nix Illegales, wir machen Notwendiges. Aber auch Notwendiges wird ja oft unzulässig infrage gestellt.«

Dieses »Hau-ab«-Gesetz Seehofers ist ein Schlag ins Gesicht all jener, die sich seit 2015 in der Bewältigung der Flüchtlingskrise engagiert haben und sich immer noch gemeinsam mit Arbeitgebern, Lehrern, Sozialarbeitern und vielen anderen um humane Lösungen bemühen.

Wo Biedermänner auf diese Weise Brandstiftern einen roten Teppich ausrollen, braucht man sich nicht zu wundern, wenn sich bislang »staatstragende« Gruppen wie Christen und Humanisten enttäuscht von der Politik abwenden!

Damit verbunden ist der Zerfall des Multilateralismus unter dem Einfluss von Nationalisten und Populisten wie Trump, Putin, Duterte, Bolsonaro und Salvini. Dabei ist China, seit Trumps Präsidentschaft ein großer Verfechter der globalen multilateralen Ordnung, keine Alternative: Verfolgt es doch mit seinem »Staatskapitalismus« selbst sehr egoistische und hegemoniale Interessen, während der Mensch in China von individuellen Rechten nur träumen kann. Und das alles ausgerechnet in einer Zeit, in der globale Probleme globale Lösungen erfordern.

Anonymität und Zeitdruck

Erschwert wird die Situation durch die Anonymität globaler Strukturen und Marktakteure: Einen König, der sein Volk hungern ließ, konnte man früher köpfen, aber wer ist schuld an den heutigen Krisen? Blackrock? Glencore? Nestlé? Aber was ist mit deren Aktionären? Oder sind es jene cleveren Experten, die einerseits am Verfassen von Gesetzen beteiligt werden, dann ihre Kunden darin beraten, wie diese Gesetze unterlaufen werden können und schließlich, wenn sie erwischt werden, stets behaupten, dies geschehe alles im Rahmen der geltenden Gesetze (z. B. die »Big Four«-Wirtschaftsprüfungsgesellschaften)? Ein anderes Beispiel: Unser Verbrauch von Erdöl befördert nicht nur den Klimawandel, sondern stabilisiert auch autoritäre Regime, die ihrerseits anti-demokratische islamistische Strömungen weltweit und auch in unserem Land finanzieren. Bei allem darf nicht übersehen werden: Solche »Strukturen der Sünde« sind nicht vom Himmel gefallen, sondern von Menschen geschaffen worden. Papst Johannes Paul II. betont, dass sie »in persönlicher Sünde ihre Wurzeln« haben und »daher immer mit konkreten Taten von Personen zusammenhängen, die solche Strukturen herbeiführen, sie verfestigen und es erschweren, sie abzubauen. Und so verstärken und verbreiten sie sich und werden zur Quelle weiterer Sünden, indem sie das Verhalten der Menschen negativ beeinflussen« (SRS Nr. 36).

Schließlich leiden wir zunehmend unter Zeitdruck. Anders als beim Übergang von der Agrar- zur Industriegesellschaft, bei der Zeit keine Rolle spielte, ist dies beim Klimawandel durchaus der Fall: Werden bestimmte Schwellen (»Kipppunkte«) überschritten, kann es zu unaufhaltsam-unumkehrbaren Entwicklungen kommen, etwa, wenn der Permafrostboden auftaut und das Jahrtausende dort gebundene Methan in die Atmosphäre abgibt.

Und gerade hier scheint es, dass die Prognosen der Forscher durch den Gang der Dinge noch überholt werden. So wurde das im Sommer 2019 erreichte Ausmaß an auftauendem Permafrostboden in der Arktis eigentlich erst für 2090 vorhergesagt. Ergo: Wenn nicht sehr bald sehr deutliche Veränderungen im globalen Maßstab erfolgen, dürften kritische Entwicklungen außer Kontrolle geraten. Gleichzeitig birgt der Zeitdruck das Risiko, dass technische Innovationen nicht gründlich genug auf potenzielle Folgewirkungen geprüft werden und schlussendlich Nebenwirkungen die intendierten Wirkungen übersteigen.

Anonymität und Zeitdruck verschärfen schließlich Probleme im »Cyberspace«, wo Raum und Zeit entgrenzt sind. Zugleich belegt das Abhören des Handys von Kanzlerin Merkel durch die NSA ebenso wie das Ausspähen deutscher Konzerne durch China, dass in diesem Raum bislang respektierte Grenzen durch staatliche Souveränität und »rule of law« zerbröseln. Und dabei haben wir vom Schaden, den Trojaner Halbwüchsiger oder organisierte Verbrechergruppen anrichten, noch gar nicht gesprochen.

Die Probleme: Dritter Level

Die Bedeutung eines jeden Einzelnen

Aber trotz aller geschilderten Defizite demokratischer Partizipation: Noch *sind* wir eine Demokratie, und zumindest in Europa wäre vieles möglich, wenn sich denn der Oberste Souverän Europas, nämlich die 500 Millionen Bürger auf ihre Möglichkeiten besinnen und auf gemeinsame Ziele einigen würden. Zumal Demokratie so viel mehr ist als lediglich eine Abstimmung alle vier bis fünf Jahre!

Gerade die westlich-republikanischen Demokratien garantieren allen Bürgern Grund- und Menschenrechte, darunter auch Minderheitenrechte. Demokratie ist genutzte Meinungs- und Demonstrationsfreiheit, unabhängige Medien, unabhängige Justiz, ziviler Ungehorsam, Petitionen, Volksbegehren, Recht auf Information und vieles mehr. Also liegt zumindest für unsere Weltgegend das eigentliche Problem nochmals eine Ebene tiefer: bei jedem einzelnen Bürger und dem, was ihm so wichtig ist, dass er sich dafür engagiert.

Dass der Einzelne dies nicht (mehr) realisiert, liegt meiner Ansicht nach vor allem daran, dass er nicht mehr erkennt, wie sehr er über den eigenen Lebens- und Konsumstil Teil des Problems ist. Und ist dies der Fall, dann ist ihm ebenso verborgen, wie er genau deshalb auch Teil der Lösung sein kann! Niko Paech drückte es am 27.4.2017 in einem Vortrag so aus: »Noch nie hat ein Drogenabhängiger seinem Dealer die Machtfrage gestellt. Er muss erst eine Entziehungskur machen. Wir können und wollen gar nicht ohne den Kapitalismus und seine Segnungen leben. Oder wenn doch – warum fangen wir nicht einfach damit an?«

Tatsächlich ist genau das der Punkt: Wir sind dermaßen im Denken »kolonisiert«, dass wir es schon gar nicht mehr merken (Latouche, 2015). Nach über vierzig Jahren »Indoktrinierung« durch Lobbyisten und Thinktanks haben wir Margret Thatchers Aussage: »There is no alternative« derart verinnerlicht, dass wir vergessen haben, dass es einmal eine Zeit vor dem Neoliberalismus gegeben hat und deshalb auch eine Zeit nach dem Neoliberalismus geben kann. Entsprechend gilt die Feststellung von John Maynard Keynes: »Es ist nicht so schwer, neue Konzepte und Strategien zu entwickeln, viel schwerer ist es, die alten Routinen und Leitbilder zu vergessen.«

Um dies zu verstehen, braucht es wohl tatsächlich eine zweite »Aufklärung des Menschen aus seiner selbstverschuldeten Unmündigkeit«. Immanuel Kants Analysen sind heute so aktuell wie seinerzeit: »Unmündigkeit ist das Unvermögen, sich seines Verstandes ohne Leitung eines anderen zu bedienen. Selbstverschuldet ist diese Unmündigkeit, wenn die Ursache derselben nicht am Mangel des Verstandes, sondern der Entschließung und des

Mutes liegt, sich seiner ohne Leitung eines anderen zu bedienen.«

Ähnlich aktuell sind die vier Fragen, die Kant 1765 in seinen Vorlesungen zur Logik vorträgt und die der Mensch sich stellen muss:

1. Was kann ich wissen?

   ▶ Noch nie war der Zugang zu Wissen so leicht und vielfältig wie heute, gleichzeitig war die Gefahr von Betrug und Verwirrung noch nie so groß wie heute (Fake News, Alternative Fakten). Welchen Wissensquellen vertraue ich? Wo bilde ich mir meine Meinung? Welche Manipulation durchschaue ich und grenze mich entsprechend ab?

2. Was soll ich tun?

   ▶ Gerade weil aus verschiedenen Wissensquellen und Meinungen unterschiedliche Handlungen folgen können: Was sind die Folgen meines (Nicht-)Handelns?

3. Was darf ich hoffen?

   ▶ Selbst wenn ich, selbst wenn meinesgleichen in der Minderheit sind: Macht mein Handeln einen Unterschied?

4. Was ist der Mensch?

   ▶ Was ist die wahre Natur des Menschen? Was macht ihn glücklich? Was charakterisiert ein »gutes Leben«?

Die Notwendigkeit orientierungsgebender Werte

In der Tat: Was Wissenschaftler und zeitgenössische Denker anmahnen, um mit den oben geschilderten Megakrisen angemessen umgehen zu können, sind konsensfähige Werte und Normen, die für uns als Einzelne und als menschliche Gesellschaft gelten sollen, die uns helfen, Mittel und Zwecke wieder auseinanderzuhalten und mit deren Hilfe Entscheidungen gefällt werden können. Ein Forschungsprojekt zu Künstlicher Intelligenz der Universität Oxford stellt etwa fest: »Enorme governance-Herausforderungen konfrontieren uns hinsichtlich dessen, was wir wollen und was wir wollen sollten. Die Antworten darauf verlangen, dass wir uns selbst und unsere Werte sehr viel besser kennen als dies heute der Fall ist« (Dafoe, 2018, S. 10; eigene Übersetzung).

Ähnlich der Historiker und Bestsellerautor Yuval Harari: »Wenn sich die Geschichte der Sapiens ihrem Ende zuneigt, sollten wir uns als Angehörige einer der letzten Generationen die Zeit nehmen, eine letzte Frage zu stellen: Was wollen wir werden? .... Wir sind Selfmade-Götter, die nur noch den Gesetzen der Physik gehorchen und niemandem Rechenschaft schuldig sind. Und so richten wir unter unseren Mitlebewesen und der Umwelt

Chaos und Vernichtung an, interessieren uns nur für unsere eigenen Annehmlichkeiten und unsere Unterhaltung und finden doch nie Zufriedenheit. Gibt es etwas Gefährlicheres als unzufriedene und unverantwortliche Götter, die nicht wissen, was sie wollen?« (Harari, 2015, S. 413, 416).

Oder das *European Strategy and Policy Analysis System* der EU-Institutionen: »Unabhängig davon, wie tumultuös die nächsten Jahre werden: Unsere Ziele für die Zukunft nicht aus den Augen zu verlieren, wird die wichtigste Aufgabe sein« (ESPAS, 2019, S. 43; eigene Übersetzung). Und der ehemalige Berater von UN-Kommissionen und US-Präsidenten, Yale-Professor Gus Speth, meint: »Früher dachte ich, dass die größten Umweltprobleme der Verlust der Artenvielfalt, der Kollaps der Ökosysteme und der Klimawandel wären. Ich dachte, dreißig Jahre gute Wissenschaft könnte diese Probleme angehen. Ich habe mich geirrt. Die größten Umweltprobleme sind Egoismus, Gier und Gleichgültigkeit, und um mit ihnen fertig zu werden, brauchen wir einen kulturellen und spirituellen Wandel. Und wir Wissenschaftler wissen nicht, wie man das macht.«

Ähnliche Ausführungen finden sich beim Ökonomen John Maynard Keynes (1930), den Ökologen Will Steffen und Johan Rockström (2018) oder dem Experten für Künstliche Intelligenz, Kai Fu Lee (2018). Wenig verwunderlich, wenn entsprechend Kirchen und Religionen aufgerufen werden, sich stärker in die laufenden Werteauseinandersetzungen einzubringen, etwa vom ehemaligen Generalsekretär des Club of Rome, Graeme Maxton (2018), dem Politologen und Soziologen Colin Crouch (2019) oder Vater und Sohn Skidelsky (2012) in ihrem Bestseller »Wie viel ist genug? – Geld und das gute Leben«.

In der Tat haben hier die Heiligen Schriften der Religionen und darauf aufbauende individual- und sozialethische Reflexionen, etwa die Katholische Soziallehre, etwas zu bieten!

Urteilen: Kriterien in Bibel und Katholischer Soziallehre

Zunächst aber eine Veranschaulichung, warum das Wissen um unsere Bewertungsgrundlagen und -kriterien so wichtig ist und warum wir oft, wie eingangs angedeutet, den Eindruck haben, trotz »derselben Faktenlage« aneinander vorbeizureden und uns nicht verständigen zu können.[3] Auf den ersten Blick scheinen viele Problemanalysen gut und überzeugend; aber sind sie dies? Und sind sie mit unseren Werteüberzeugungen vereinbar, oder, flapsig gesagt: Ist das (noch) katholisch? Ein normativer Kompass wäre auch wichtig, um jenseits einzelner Entscheidungen eine gesellschaftspolitische Richtung für unser Gemeinwesen erkennen und verfolgen zu können, denn: Die heutige Tagespolitik gleicht einem Haufen kleiner Eisenspäne. Natürlich kann man sich mit jedem einzelnen Eisenspan unendlich beschäftigen, etwa, dass man zwei Wochen

3 Auch zu diesem Buchteil siehe ausführlicher Alt, 2018.

lang überlegt, wie man 43 Flüchtlinge auf die 27 Mitgliedsstaaten der Europäischen Union aufteilt oder ob man die Klassenzimmer mit Produkten von Apple oder Microsoft »digitalisiert«. Es macht aber einen sehr großen Unterschied, wenn ein Magnet diese Eisenspäne in eine (Aus-)Richtung bringt und anordnet: Aus dem ziellosen Herumgestopsel wird auf einmal zielgerichtetes und passgenaues Handeln. Dass es dabei entscheidend ist, ob der Magnet Neoliberalismus, Populismus, Nationalismus oder anders heißt, liegt auf der Hand. Je nach »Magnet« gibt es andere letzte, in der Regel unbewusste, nicht weiter begründete Grundannahmen und -werte, die die Rangfolge bestimmen bzw. auf welchem Platz alles andere landet und sich von dort her wechselseitig beeinflusst und verstärkt.

Mir geht es also um das Wertegerüst, welches von Bibel und Katholischer Soziallehre bestimmt wird. Ich möchte zunächst die Katholische Soziallehre einführen, die deutlich weniger bekannt sein dürfte als die Bibel. Dabei sind gerade unsere Tage mit ihren hitzigen Diskussionen ein Beleg, warum es allerhöchste Zeit ist, dass die Soziallehre neben Sexuallehre, Institutionen-, Ämter-, Weihe-, Liturgiediskussionen nicht mehr länger ein gut gehütetes Geheimnis für Insider bleibt (de Berri & Hug, 2010), sondern ins Zentrum gesellschafts- und kirchenpolitischer Auseinandersetzung rückt.

Geschichte der Katholischen Soziallehre

Anders als die Theologie der Befreiung ist die Katholische Soziallehre frei von marxistisch-kommunistischen Hintergründen und Einflussnahmen. Sie entstand Mitte des 19. Jahrhunderts in der Auseinandersetzung mit konkreten sozialen Problemen im Konflikt zwischen Arbeit und Kapital, Verstädterung und aufkommendem Liberalismus und war getragen von Arbeitern, Priestern und Bischöfen. Damals wurde deutlich: Hier entsteht etwas Neues, bisher nicht Dagewesenes, das die menschliche Entwicklung in eine neue Dynamik führen wird. Entsprechend hieß auch die erste, von Papst Leo XIII. geschriebene Enzyklika dieser neuen Bewegung »Rerum Novarum«, d. h. »Von neuen Dingen«. Dieser Ansatz wurde bekräftigt und vertieft durch ein richtungsweisendes Dokument des Zweiten Vatikanischen Konzils von den »Freuden und Leiden der Menschen« (»Gaudium et Spes«) sowie Schreiben der mit dem Konzil verbundenen Päpste Johannes XXIII. und Paul VI. Hier wurde die naturrechtlich-lehramtliche Beurteilung gesellschaftlicher Zustände ergänzt durch die Öffnung zu empirischer Forschung: Seit damals ist die Analyse vorhandener Probleme, der »Zeichen der Zeit«, Ausgangspunkt theologischer und ethischer Reflexion; dadurch wurde die Soziallehre vom Kopf auf die Füße gestellt. Zudem wird betont, dass an diesen

Prozessen alle Betroffenen beteiligt werden sollten, nicht nur Experten und Theologen (Mack, 2012, Himes, 2018).

Dabei ist die Katholische Soziallehre weniger ein eindeutig übernehmbares Theoriegebäude, sondern vielmehr ein Werkzeugkasten, der unterschiedliche Instrumente zur Anwendung in verschiedensten Situationen und Kontexten bereithält. Zugleich ist sie viel mehr als bloße Theorie: Sie prägte bereits real existierende Staaten und Gesellschaften, am erfolgreichsten Westdeutschland nach dem Zweiten Weltkrieg (Pehlemann, 2007, Emunds, 2010, Wissenschaftliche Dienste, 2013): Gemeinsam mit den »Ordoliberalen«, einer spezifischen liberalen Denkrichtung um Walter Eucken, trug die Soziallehre zum Wirtschaftswunder ebenso bei wie zu einem gemeinwohlorientierten »Stakeholderansatz« in der Industrie sowie einem präzedenzlos breitgestreuten Wohlstand in der alten Bundesrepublik. Die Einkommensverteilung glich damals einer Zwiebel: Schmale Spitze, sehr breite Mitte, schmale Unterseite, während sie heute aufgrund neoliberaler Reformen zusehends einem Hühnerei gleicht, weil die Mittelschicht durch soziale Auf- und Abstiege schrumpft und der Abstand zwischen »Unten« und »Oben« größer wird.

Freilich: Aufgrund der Pluralität von Kontexten und Traditionen gab es weltweit unterschiedliche Kataloge von Werten, Prinzipien und Normen der

Soziallehre. Deutschland kam lange Zeit mit drei aus (Personalität, Solidarität und Subsidiarität), während man in England fünf, den USA sieben, in Neuseeland gar elf Werte und Prinzipien kannte – ein Hindernis bei der Bewertung globaler Probleme und globaler Lösungen. Das änderte sich 2005.

Was haben wir?

2005 wurde das Kompendium der Katholischen Soziallehre veröffentlicht (Pontifical Council for Justice & Peace, 2005, im Folgenden »Kompendium«). Seine Erstellung war, so Kardinalstaatssekretär Sodano im Vorwort, unter anderem dadurch motiviert, »einen systematischen Überblick über die Kernpunkte der katholischen Soziallehre« zu bieten, der dann auch universalen Gültigkeitsanspruch erheben und der »Menschheit bei ihrem Streben nach dem Gemeinwohl helfen« kann. Das Kompendium kommt somit auf sieben Prinzipien (1–7) und vier Werte (8–11):

1. Die menschliche Person, ihre Würde und ihre Rechte
2. Das Gemeinwohl
3. Die Universale Bestimmung der Güter
4. Die Vorrangige Option für die Armen

5. Solidarität

6. Subsidiarität

7. Partizipation

8. Gerechtigkeit

9. Wahrheit

10. Freiheit

11. Liebe

Auf diesem Fundament bauten denn auch weitere Publikationen auf und entwickelten die Leitlinien des Kompendiums weiter, etwa die Enzykliken »Caritas in Veritate« und »Laudato Si«. Vor allem wegen »Laudato Si« kann »Nachhaltigkeit«, im Kompendium noch kein Prinzip, inzwischen der Rang eines expliziten Prinzips zugesprochen werden.

Für die Weiterentwicklung gibt es schließlich auch Schriften »unterhalb« der päpstlichen Schreiben, etwa ein sehr gutes Papier mit dem abschreckenden Titel »Erwägungen zu einer ethischen Unterscheidung bezüglich einiger Aspekte des gegenwärtigen Finanzwirtschaftssystems« (Kongregation für die Glaubenslehre; Dikasterium für den Dienst zugunsten der ganzheitlichen Entwicklung des Menschen, 2018) oder Darlegungen, die sich an neue Themen herantasten, wie etwa der Vortrag

»Catholic Social Teaching in the Digital Age« des dafür zuständigen Sekretärs des Päpstlichen Rats für Kultur und Kommunikation (Tighe, 2017).

Auf diesem Hintergrund und im Hinblick auf die gegenwärtigen Herausforderungen möchte ich die folgenden Thesen formulieren.

Klare Positionen der Katholischen Soziallehre

Recht unbestreitbar scheinen mir folgende praktischen Leitlinien zu sein:

1) *Das Wohl des Menschen als soziales Wesen ist Maß aller Dinge.*

Das katholische Menschenbild ist nicht individualistisch, sondern personal definiert und von daher »natürlich« auf Gemeinschaft (»Sozialität«) angelegt (Kompendium Nr. 149ff.). Entsprechend wehrt sich die Kirche seit Paul VI. gegen die Verkürzung des Menschenbilds auf den »Homo Oeconomicus« und betont, ergänzend zu einem umfassenden Verständnis der menschlichen Person, die Notwendigkeit eines Gesellschaftsbildes, welches nicht verkürzend ökonomisch, sondern ganzheitlich angelegt ist und im Prinzip des Gemeinwohls zum Ausdruck gebracht wird: »Aus der immer engeren und allmählich die ganze Welt erfassenden gegenseitigen Abhängigkeit ergibt sich als Folge, dass das Gemeinwohl, d.h. die Gesamtheit jener Bedingungen des gesellschaftlichen Lebens, die sowohl den Gruppen als auch deren einzelnen Gliedern ein volleres und leichteres Erreichen der eigenen Vollendung ermöglichen, heute mehr und mehr einen weltweiten Umfang annimmt und deshalb auch Rechte und Pflichten in sich begreift, die die ganze Menschheit betreffen … Die gesellschaftliche Ordnung und ihre Entwicklung müssen sich dauernd am Wohl der Personen orientieren; denn die Ordnung der Dinge muss der Ordnung der Personen dienstbar werden und nicht umgekehrt« (GS Nr. 26). Dabei sind Menschen natürlich von Natur aus sowohl gleich als auch verschieden. Eine Gesellschaft darf daher nicht gleichmacherisch sein, sondern muss sich an den Bedürfnissen und Fähigkeiten eines jeden Einzelnen orientieren.

2) *Geld dient der Wirtschaft,*
beide dienen allen Menschen.

Entsprechend hat Geld in der Soziallehre eine doppelt dienende Funktion: Geld dient der Wirtschaft, Geld und Wirtschaft dienen allen Menschen. Dies widerspricht vielem, was der heutige Finanz- und *Offshore*-Kapitalismus propagiert und praktiziert. Bei allen guten Absichten, die einst zur Entwicklung von Derivaten, *Futures* und anderen »innovativen Finanzprodukten« geführt haben mögen, ist ein darauf beruhendes, kurzfristiges und von der

Realwirtschaft losgelöstes *rent seeking* schlichtweg »unkatholisch«.

3) *Geldpolitik und Finanzsektor eindeutiger den Menschen dienstbar machen.*

Aus der klaren Zuweisung einer dienenden, nicht herrschenden Rolle des Kapitals folgt die Frage, wie die aktuelle Macht des Geldes und derer, die es besitzen, zurückgedrängt werden kann. Dies erfordert zunächst Widerstand gegen alle Geldpolitiken, die große Vermögen weiter vergrößern, wie es etwa der Fall war bei der Finanzierung der deutschen Wiedervereinigung (ab 1990) über Schulden (statt einer Vermögensabgabe) oder der »Rettung« der Wirtschaft nach der Weltfinanzkrise (2008) mit Steuern. Die aktuelle Geldpolitik der Europäischen Zentralbank ist sowohl eine Politik zu Lasten kommender Generationen als auch der Enteignung solider (Klein-)Sparer: Eine umgekehrte Vermögensteuer gewissermaßen, die kleine Vermögen vernichtet und große vermehrt. Sodann befürwortet dies eine aktivere Unterstützung jener Vorschläge, die den Finanzsektor wieder regulieren wollen, etwa Banken die Möglichkeit zur Geldschöpfung abzunehmen, Manager und Aktionäre für Fehler in Haftung zu nehmen, Geschäftspraktiken wie Leerverkäufe (jemand spekuliert mit Börsentiteln, die ihm nicht gehören) zu verbieten oder die Trennung von Investmentbanking vom Geschäftsbankensegment wieder auf die Agenda zu setzen. Spannend wäre die Prüfung geldpolitischer Alternativen, etwa Vollgeld, Regionalgeld oder Frei- bzw. Schrumpfggeld (Degens, 2013) – allesamt mögliche Instrumente gegen »wucherische Finanzsysteme« bzw. den internationalen ökonomischen und »finanziellen Imperialismus« (Kompendium Nr. 341, QA Nr. 109)

4) *Den Stellenwert von Arbeit vor Kapital verteidigen.*

Von Anfang an hat die Katholische Soziallehre der Arbeit Vorrang vor Kapitalinteressen gegeben, weshalb der Arbeit, nicht dem Kapital ein eigenes Kapitel im Kompendium gewidmet ist. Dies spricht gegen profitgeleitetes nationales und globales *Outsourcing*, den Missbrauch befristeter Arbeitsverhältnisse und Leiharbeit, die Zahlung von Löhnen, von denen man nicht leben kann, die Schwächung von Sozialpartnerschaft, einen Freihandel mit »Wertschöpfungsketten«, die mit der Aushöhlung arbeits- und umweltrechtlicher Standards kalkulieren usw.

5) *Markt und Staat, Wettbewerb und Kooperation haben Eigenwert und erfordern Balance.*

Angesichts jahrzehntelanger Fehlentwicklungen des »Wettbewerbskapitalismus« (Milton Friedmann) wird die Unfähigkeit der Märkte immer deutlicher erkannt, im deregulierten Bereich entstandene Missstände von sich aus zu beseitigen (Off-

shore-Kapitalismus!) oder den durch ihn geförderten Klimawandel und die Ressourcenausbeutung nur mit Markt-Preis-Mechanismen zu stoppen etc. »Hier stoßen wir auf eine neue Grenze des Marktes: Es gibt gemeinsame und qualitative Bedürfnisse, die mithilfe seiner Mechanismen nicht befriedigt werden können. Es gibt wichtige menschliche Erfordernisse, die sich seiner Logik entziehen. Es gibt Güter, die aufgrund ihrer Natur nicht verkauft und gekauft werden können und dürfen« (CA Nr. 40). Gemeint sind damit etwa jene, die heutzutage unter dem Stichwort »Grundgüter« (*Commons*) zunehmend ins Bewusstsein geraten. Während ein gesunder, also nicht verzerrender Wettbewerb Markthandeln koordinieren soll, ist Kooperation das Handlungsproprium der Staaten, mit dem jene Erfordernisse sichergestellt werden sollen, die aus Solidarität und Subsidiarität erwachsen. Auf das rechte Maß, auf die Balance kommt es also an.

6) *Vermögensungleichheit und damit einhergehende Macht reduzieren.*

Eine Verwirklichung des Prinzips der »Allgemeinen Bestimmung der Güter« verlangt, dass die Güter der Welt allen Menschen zugutekommen, und in der Tat würde das heutige weltweite Bruttosozialprodukt von jährlich ca. 80 Billionen US-Dollar jedem Menschen ein komfortables und gesundes Leben ermöglichen. Nur ist Einkommen und Vermögen eben sehr ungleich verteilt: Die 26 reichsten Menschen der Welt verfügen über so viel Vermögen wie die untere Hälfte der Menschheit, Tendenz weiter auseinanderstrebend (Oxfam, 2019). Das aktuelle Ausmaß an Vermögensungleichheit sollte nicht nur die Kirche zum Einschreiten zwingen: Wenn »Eigentum, das Herrschaft über Sachen sein soll, zu einem Herrschaftsinstrument über Menschen« wird, dann ist auch das Eingreifen des Staates nicht nur gerechtfertigt, sondern geboten (Nell-Breuning, 1980, S. 201f.). Unter der Überschrift »Reichtum existiert, um geteilt zu werden« wird im Kompendium nicht bezweifelt, dass Reichtum rechtmäßig sein kann, allerdings müsse er eingesetzt werden, um Güter für andere und für die Gesellschaft zu produzieren, ebenso muss sich wirtschaftlicher Gewinn an seinem Nutzen für das Gemeinwohl messen lassen. Wird er Selbstzweck, droht Vermögenszerstörung und Armut (CIV Nr. 21). Das lässt mich fragen: Es ist unbestritten, dass es eine (materielle) Armutsuntergrenze geben muss, unter die niemand fallen darf. Warum soll es nicht eine (materielle) Reichtumsobergrenze geben, über die sich niemand erheben darf?

7) *Den Armen ist besondere Beachtung zu schenken.*

Armut wird von der Katholischen Soziallehre nicht nur materiell, sondern umfassend verstanden, d.h.

auf reale Möglichkeiten der Beteiligung am gesellschaftlichen Leben hin. Anders gesagt: Es geht um Chancengerechtigkeit *und* Chancengleichheit. Die aktuellen Schieflagen verlangen entsprechend ein Nachdenken über Politikansätze, die Arme befähigen, die ihnen zustehenden Rechte de facto wahrzunehmen. Es geht also nicht um ein gleichmacherisches Aushalten der Armen durch steuerfinanzierte Umverteilung, sondern die Beseitigung von Benachteiligungen durch das Zugänglichmachen von Angeboten und Unterstützung, vor allem in den Bereichen Bildung, Gesundheit, Kinderbetreuung und -förderung. Dabei ist in allem Subsidiarität und Solidarität in Spannung zu sehen, der Familie kommt eine besondere Rolle zu. Und: Die Ansprüche und Bedürfnisse der Armen vor Ort dürfen nicht gegen die Ansprüche und Bedürfnisse der Armen weltweit ausgespielt werden, getreu dem Ausspruch Gandhis: »Die Welt hat genug für jedermanns Bedürfnisse, aber nicht für jedermanns Gier.«

8) *Jeder hat ein Recht, an den Entscheidungen der Gemeinschaft mitzuwirken.*

Es ist bildungs- und verfahrensmäßig dafür Sorge zu tragen, dass jeder an Entscheidungen mitwirken kann. Dies gilt insbesondere für die Teilnahme an Entscheidungen, deren Auswirkungen ihn betreffen – national und international. Das verlangt Zugang zu Bildung und zu Informationen, und nur so kann man »verhindern, dass sich verborgene Privilegien etablieren« (Kompendium Nr. 189).

Weniger klare Positionen der Katholischen Soziallehre

In anderen wichtigen Streitpunkten der Tagespolitik scheinen mir das Kompendium und andere Schreiben weniger eindeutig zu sein:

1) *Wachstum: Gut oder schlecht?*

Das Kompendium wehrt sich gegen rein quantitatives Wachstum; Papst Benedikt warnt vor einem Wachstum, welches auf dem Glauben technischer Machbarkeit beruht und schädliche Nebenwirkungen zeitigt (CIV Nr. 21); Papst Franziskus setzt den Glauben an unbegrenztes Wachstum in Kontrast zur Begrenztheit natürlicher Ressourcen (Laudato Si Nr. 106). Aber was folgt daraus konkret? Es wäre anschlussfähig an das bei IWF und G20-Staaten populäre Konzept vom inklusiven Wachstum, dem Konzept von Grünem Wachstum, an die Forderung nach langsamerem Wachstum (Randers & Maxton, 2016), weniger Wachstum (Latouche, Paech) oder eben Wachstumsagnostik (Raworth, 2017). Ebenso passt dies in die Diskussion, ob das Bruttoinlandprodukt als Wohlstandsmaßstab ausgedient hat.

2) *Freie oder soziale Marktwirtschaft?*

Interessanterweise wird nirgends klar gesagt, welche Form der Marktwirtschaft denn nun das Kompendium bevorzugt. Dort kommt der Ausdruck »Markt« 65 Mal vor und ist teils positiv, teils kritisch besetzt. Bei Johannes Paul II. findet sich eine Passage, die in Richtung soziale Marktwirtschaft verstanden werden kann, wenn er schreibt, dass sich die Soziallehre »keinesfalls gegen den Markt (stellt), sondern verlangt, dass er von den sozialen Kräften und vom Staat in angemessener Weise kontrolliert werde, um die Befriedigung der Grundbedürfnisse der Gesellschaft zu gewährleisten« (CA Nr. 35). Auch sonst spricht vieles von dem, was im Kompendium und anderswo gesagt wird, für das, was heute unter sozialer Marktwirtschaft verstanden wird: Bekämpfung von Monopolen und Oligopolen oder Leitplanken zur Sicherung einer gleichberechtigten und gleichwertigen Ausgangsposition für alle Marktakteure usw. Angesichts der oben geschilderten Krisen sowie den Enzykliken von Papst Franziskus müssen natürlich heute neben den sozialen Aspekten ökologisch-nachhaltige Aspekte gleiche Beachtung finden.

3) *Privateigentum – Öffentliche Güter – Gemeingüter*

Im Kapitel »Allgemeine Bestimmung der Güter und Privateigentum« wird dargelegt, dass es hier zu Spannungen kommen kann. Aber: Privateigentum jeder Art wird im Kompendium dem Prinzip des Gemeinwohls und der Allgemeinen Bestimmung der Güter ebenso untergeordnet wie deren rechtem Gebrauch. Es wird als schützenswert nur insofern angesehen, als es als bestmöglicher Weg gilt, die Güter zum Wohl möglichst vieler nutzbar zu machen. Anders als im gegenwärtigen Kapitalismus der Fall, galt es »nie als absolut und unantastbar« (Kompendium Nr. 177). Unter den Bedingungen der Globalisierung ist »Eigentum immer weiter entfernt und den sozialen Auswirkungen der getroffenen Entscheidungen gegenüber oft gleichgültig« (Kompendium Nr. 310), was das Problem anonymer, global agierender Kapitalgesellschaften, Fonds, Holdings, Trusts oder Stiftungen anspricht. Das Anwachsen von spekulativer Preistreiberei und kriminellen Praktiken, Ausbeutung und Umweltverschmutzung zeigt, dass Nachteile die Vorteile zu überwiegen drohen und ein Nachdenken über alternative Formen von Eigentum oder Vergesellschaftung zusehends notwendig ist – darin sind sich sogar ein ehemaliger katholischer Verfassungsrichter (Böckenförde, 2008) und eine Sozialistin (Wagenknecht, 2016) einig.

4) *Soziale Sicherung – Wohlfahrtsstaat – Sozialstaat – Grundeinkommen*

Vor allem Johannes Paul II. stand dem »Wohlfahrtsstaat« kritisch gegenüber (CA Nr. 48), da er Sorge hatte, er würde Menschen »aushalten« und entmündigen. Hier kann vermutet werden, dass diese Aussagen in seiner biografischen Erfahrung begründet liegen, zumal es ja gerade der Anspruch des Sozialstaates ist, einem Menschen zu helfen, Benachteiligungen zu überwinden, also Hilfe zur Selbsthilfe hin zur Teilhabe am gesellschaftlichen Leben anzubieten. Dies ist ebenso das Ziel der Verwaltung wie der Sozialsysteme oder einer Grundsicherung. Das andere Extrem wäre ein Bedingungsloses Grundeinkommen, bei dem die Gefahr besteht, dass sich jemand in einer Situation einrichtet und nicht aus ihr herausfindet. Dies spricht eher für ein Bedürfnis- oder Garantieeinkommen, welches die individuell unterschiedlichen Bedürfnisse weiterhin im Blick hat.

Eine andere Gesellschaft ist möglich

In der Übersicht ergibt dies meiner Ansicht nach folgende Unterschiede hinsichtlich der aktuellen Gesellschaftsordnung und einer, die an den Prinzipien und Werten der Katholischen Soziallehre orientiert ist. Einige Stichpunkte, die in Spannung zueinander stehen:

Aktuelle Gesellschaftsordnung

Freie Märkte mit der Folge von »nicht-bepreisten Externalitäten« (etwa Boden- und Luftverschmutzung), privatisierten Gewinnen und vergemeinschafteten Risiken und Kosten

Leitwissenschaft Mathematik/Statistik

Individualismus, »Homo Oeconomicus«, Konsument

Freihandel/Globale Wertschöpfungsketten

Zweck von *business*: Mehrung des *Shareholder Value*
Ermunterung zu weiterem freiwilligem Konzern-Engagement (*Corporate Social Responsibility*)

Wachstum, Quantität, Müll

Kapital über Arbeit

Bezahlte Arbeit

Zentrale Stellung von Privateigentum, wachsende Konzentration in den Händen weniger

Belohnung von Leistung

Individuelle Interessen- und Nutzenoptimierung

Oligarchie, Lobbyismus, fehlende Transparenz

Private, kapitalbasierte Sozialsysteme

(Steuer-)Wettbewerb
▶ Inspiration Darwinismus, tierische Evolution

Wenig staatliches Eingreifen

Wenig Steuern

Katholische Soziallehre

Regulierte Märkte, die den Erfordernissen der sozialen Gerechtigkeit und ökologischen Nachhaltigkeit folgen

Leitwissenschaft Human-/Sozialwissenschaft

Person und Personwürde

Fairer Handel, Regionalisierung

Business dient der Gemeinschaft insgesamt, Verpflichtungen aufgrund von Sozialpartnerschaft, Konzern-Bürgerpflichten (*Corporate Citizenship*) und Konzern-Rechenschaftspflicht (*Corporate Social Accountability*)

Qualität, Reparierbarkeit, Recycling

Arbeit über Kapital

Alle Formen von Arbeit

Soziale und ökologische Hypotheken von Eigentum, Gemeingüter

Ja, wenn Chancengleichheit aller besteht

(Globales) Gemeinwohl (Solidarismus)

Transparenz und Partizipation, Demokratie

Solidarische Sozialsysteme

(Steuer-)Kooperation
► Inspiration menschliche Evolution

Angemessenes staatliches Eingreifen

Angemessene Steuern

Der Historiker Rutger Bregman meinte: »Heute können wir uns eher das Ende der Welt vorstellen als das Ende des Kapitalismus« in seiner jetzigen Form (Bayerischer Rundfunk, 23.7.2019). Das muss ein Ende haben. Wir müssen uns um kohärente Alternativen zur gegenwärtigen Organisation von Wirtschaft und Gesellschaft bemühen, denn sonst müssen wir uns an den »Reformvorschlägen« abarbeiten, die die Vertreter des gegenwärtigen Paradigmas vorgeben. Dann diskutiert man vielleicht über mehr oder weniger Freihandel, aber eben immer noch *Free Trade* mit all den strukturellen Problemen, die ein nach Fairness- und Nachhaltigkeitskriterien organisierter *Fair Trade* nicht hätte.

Dabei kann die Katholische Soziallehre zunächst als Vermittler zwischen historischen Extremen dienen, etwa zwischen Kapital und Arbeit, privatem und öffentlichem Eigentum oder Markt und Staat, zumal sich die Katholische Soziallehre durchweg in ihrer Geschichte als Dritter Weg zwischen Markt und Staat verstanden hat (Frambach & Eissrich, 2015). Und dies nicht ohne Erfolg – weshalb Kanzlerin Merkel auf dem Weltwirtschaftsforum 2009 die von der Soziallehre mitgestaltete soziale Marktwirtschaft als Dritten Weg nach der Weltfinanzkrise empfahl (Merkel A., 2009).

Unter den gegenwärtigen Herausforderungen ist die Frage heute natürlich, ob ein Dritter Weg nicht noch deutlich kreativer und innovativer gedacht und vorangetrieben werden müsste. Ich möchte lediglich kurz auf zwei mir vielversprechend erscheinende Diskussionsstränge verweisen: Das eine ist die wiederauflebende Idee grenzenlos existierender *Commons* (Gemeingüter, Allmenden), also bestimmte Güter, die sich bereits in der Vergangenheit erfolgreich privater und obrigkeitlich/staatlicher Verfügung und Kontrolle entzogen haben (Wälder, Meere etc.) und deren Gebrauch stattdessen durch komplexe soziale Normen reguliert wurde. Zunehmend wird zudem erkannt, dass dies auch ein Modell zum Umgang mit neu entdeckten *Commons* sein könnte, etwa dem Genpool oder das im Internetaustausch entstehende intellektuelle Eigentum. Darüber hinaus bieten Gemeingüter und Gemeinschaften Alternativen zum geldbasierten Wirtschaften sowie interessante grenzübergreifende Kooperations-, Solidaritäts- und Ordnungsstrukturen jenseits von/zusätzlich zu Markt und Staat (Rifkin, 2015). Parallel dazu finden Überlegungen zur verstärkten Gemeinwohlrückbindung und Demokratisierung von Wirtschafts- und Finanzinstitutionen statt, etwa unter dem Stichwort *Social Entrepreneurship* (»Sozialunternehmertum«) sowie im Kontext gemeinwohlorientierter oder genossenschaftlich organisierter Unternehmen. Letzteres würde etwa von *Corporate Social Responsibility* (also freiwilliger Unternehmenswohltätigkeit) zur Rechenschaftspflicht gegenüber jenen Gemeinden und Gemeinschaften überleiten, wo Unternehmen weltweit produzieren (*Corporate Social Accountability*).

Ob hier tatsächlich Auswege aus vielen Problemen der Gegenwart zu finden sind, ist eine schwierige Frage, die noch viel Klärung erfordert. Aber wie schon Albert Einstein sagte: »Probleme kann man niemals mit derselben Denkweise lösen, durch die sie entstanden sind.« Dem kommt entgegen, was Ottmar Edenhofer, Direktor des Potsdamer Instituts für Klimafragen, auf die Frage nach der Praktikabilität des Commons-Ansatzes antwortete: »Man kann nicht vernünftig konkret werden, wenn man bei den regulativen Leitideen schon Fehler gemacht hat« (zitiert in Helfrich, Silke; Heinrich-Böll-Stiftung, 2012, S. 516). Das klingt zumindest nach einem lohnenden Feld für weiteres Nachdenken!

Mir scheint angesichts der Bedeutung von leistungslosem Einkommen durch Bodenrenten für Großvermögen und des Mietwahnsinns in unserem Land einerseits, sowie den Auswirkungen von Landgrabbing und der Abholzung von Wäldern weltweit andererseits diese Frage bei Grund und Boden besonders dringlich. Einen Anfang hierfür bietet die urreligiöse Überzeugung, dass Grund und Boden Gottes Eigentum ist, den Menschen (bestenfalls) zur Nutzung überlassen, weshalb vielleicht auch Papst Paul VI. zu dem Schluss kommt: »Das

Gemeinwohl verlangt deshalb manchmal eine Enteignung von Grundbesitz …« (PP Nr. 24).[4]

Bibel, Soziallehre und Theologie

Nun aber werden Begriffe wie »Gerechtigkeit«, »Subsidiarität« oder »Solidarität« auch von Neoliberalen und Populisten verwendet. Wie gehe ich vor, um etwa Inhalt und Geltungsumfang solcher Worthülsen genauer zu bestimmen, also herauszufinden, ob es sich um einen schlichten Geldtransfer, um Fordern und Fördern, Hilfe zur Selbsthilfe, Sachleistungen etc. handelt und ob darauf Familie, Nachbarn, Volksgemeinschaft oder alle Menschen einen Anspruch haben?

Der wichtigste Referenzrahmen zur Bestimmung einer »katholischen Sichtweise« für mich ist die Bibel, vor allem die vier Evangelien. Wort und Beispiel Jesu Christi ist fundamental prägend für die Katholische Soziallehre und ihre Anwendung. Im Vorwort des Kompendiums betont Kardinalstaatssekretär Sodano: »Die katholische Soziallehre (ist auch) ein Instrument der Evangelisierung, weil es die menschliche Person und die Gesellschaft mit dem Licht des Evangeliums in Beziehung setzt.« Dabei erachte ich das Verhältnis zwischen Evangelien und Soziallehre als sich gegenseitig ergänzend:

4 Siehe ausführlicher Alt, 2019.

Während die Evangelien individuelle Orientierung geben, tut dies die Soziallehre für die ganze Gesellschaft, wobei beides natürlich nicht voneinander losgelöst ist, sondern aufeinander aufbaut und durch eine gemeinsame Grundlage verbunden ist. Konkret: Jeder, der Jesus nachfolgt, muss sich von dessen Wort und Beispiel *unmittelbar* herausfordern lassen, z. B. in der Frage, ob bzw. inwieweit er für sich die Ethik der Bergpredigt mit dem Gebot der Feindesliebe akzeptiert. Gleichzeitig ist die Bergpredigt nur *mittelbar* tauglich für eine Gesellschaftsethik, da heutzutage in jeder Gesellschaft viele Menschen leben, die in Wort und Beispiel Jesu keinen ethischen Impuls für sich erkennen können. Hier versucht die Soziallehre Wort und Beispiel Jesu aufzubereiten und weiterzuführen, indem sie mit Vernunft und Rationalität »Argumente für die Begegnung, den Dialog und den gemeinsamen Dienst am Gemeinwohl« aller darzulegen sucht (Kompendium, S. 22).

Von entscheidender Bedeutung ist für mich, dass sowohl Wort und Beispiel Jesu in den Evangelien als auch die generellen Prinzipien und Werte der Soziallehre keine fertigen Rezepte bieten, sondern lediglich den Anspruch erheben, eine normative Anleitung zu geben für die Ausformulierung und Abwägung von Handlungsoptionen hinsichtlich konkreter und empirischer Probleme hier und heute in ganz unterschiedlichen persönlichen, kulturellen und sozialen Kontexten. Das ist bei bestimmten Auswüchsen traditionalistisch ausgerichteter Theologien anders, etwa jener, die eine klare Vorstellung vom »christlichen Abendland« hat oder entgegen der eindeutigen Beschlüsse des Zweiten Vatikanischen Konzils in anderen Religionen pauschalisierend keine Partner, sondern Feinde sieht und sich dadurch vor den populistisch-spalterischen Karren spannen lässt. Das Fatale ist, dass auch solche Autoren sich auf Bibel und Kirchenväter beziehen und dadurch den Anspruch von Legitimität suggerieren, so wie folgender Ausschnitt aus einem Papier der CSU-nahen Werteunion zeigt, mit dem Abschiebungen nach Afghanistan begründet werden: »Der Apostel Paulus schreibt der christlichen Gemeinde von Ephesus: ›Darum sind die Männer verpflichtet, ihre Frauen so zu lieben wie ihren eigenen Leib …‹ (Eph 5,28–29). Eine christliche Kirche ermahnt die jungen, kräftigen Männer, dieser Aufgabe gerecht zu werden und die Frauen – insbesondere in Krisenregionen – zu beschützen. Die Bundeswehr kann hier mit Ausbildung und Ausrüstung helfen, aber wenn in einem Land wie Afghanistan eine Krise herrscht, dann ist es zu allererst die Aufgabe der afghanischen jungen Männer, die Krise zu bewältigen – und nicht die der deutschen jungen Männer. Zu streiten für Frieden und seine Liebsten und dafür auch Gefahren auf sich zu nehmen, lehrt uns der Apostel Johannes: ›Eine größere Liebe hat niemand als der, der sein Leben hingibt für seine Freunde‹ (Joh 15,13). Aufgabe der Kirche ist es, den afghanischen jungen Männern das notwendige ethisch-moralische Rüstzeug mitzugeben. Dies könnte durch die Caritas in Flüchtlingsheimen erfolgen oder durch Missionare vor Ort in Afghanistan.«

Nach meinem Verständnis ist diese Interpretation nicht im Sinne Jesu Christi. Entsprechend würde ich mir sehr wünschen, dass sich die Experten für Heilige Schrift und Tradition, vor allem Theologie und Theologen, vermehrt in entscheidenden »Kämpfen der (Zeit-)Geister« engagieren statt Ressourcen auf Themen zu verwenden, die an der Problemgewichtung im Leben vieler Menschen vorbeigehen, also etwa dem Kommunionempfang Geschiedener oder den angeblich unüberwindbaren Problemen in der Ökumene. Gerade Letzteres finde ich nervig: Dort, wo Christen und Kirchen unterschiedlicher Konfessionen sich zusammentun, um konkrete Probleme zu lösen, funktioniert die Ökumene wunderbar!

Des Weiteren wünsche ich mir, dass Theologie und Theologen dort, wo sie jene Themen behandeln, verständlicher und breitenwirksamer werden. Aber gerade Theologen teilen ein Problem mit anderen Wissenschaftlern in Deutschland: Sie schreiben oft vor allem für ihresgleichen und schaffen es nicht, ihre Positionen für die Allgemeinheit interessant und relevant zu machen. Ich stimme Erik Flügge zu, der am 26.7.2019 in der ZEIT hierzu schrieb: »Wer mit seinen Erkenntnissen gehört werden will, muss eben mehr tun als publizieren. Man muss seine Thesen selbst in die Öffentlichkeit tragen, und das ist mühsam.«

Welche Orientierung kann die Soziallehre heute geben?

Wie aber funktioniert das nun konkret mit dem »Baukasten« der Katholischen Soziallehre? Hier geht es nicht darum, dass die Kirche eigens Experten damit beauftragt, eine neue Wirtschafts- und Gesellschaftsordnung zu entwickeln. Menschen, die dazu kompetent sind, gibt es schließlich schon genügend. Veranschaulichen kann das ein Blick auf den Wikipedia-Eintrag »*Heterodox Economics*«, wo 38 alternative Ansätze gelistet sind, wie man Wirtschaft und Gesellschaft organisieren kann und wo Ansätze wie Christian Felbers Gemeinwohlökonomie, Kate Raworths »*Doughnut*«-Ökonomie oder Nico Paechs Postwachstumsökonomie noch nicht einmal enthalten sind. Eher gilt für alle, die der Soziallehre verpflichtet sind, zu schauen, wie sich aus konkreter Problemanalyse ergebende Lösungsvorschläge zu jenen Spannungsfeldern verhalten, die die Prinzipien und Werte der Katholischen Soziallehre abstecken, denn: »eine Gesellschafts*lehre* ... will mehr als nur beschreiben und erklären.

Sie will darüber ›belehren‹, was richtig und was falsch ist, was sein und was nicht sein *soll*« (Nell-Breuning, 1980, S. 13).

Auf diesem Hintergrund sind die angesprochenen Spannungsfelder die folgenden:

Die Rechte und Personalität des Einzelnen	Das Gemeinwohl aller
Globale Solidarität	Lokale-regionale-nationale Subsidiarität
Gerechtigkeit	Nachhaltigkeit

Eine gewisse Parteilichkeit gibt wiederum das folgende Gegensatzpaar zu bedenken:

(Universale) Liebe/die Universale Bestimmung der Güter für alle	Vorrangige Option für die Armen

Es verbleiben Partizipation, Wahrheit und Freiheit: Diese Normen definieren den Charakter einer jeden gesellschaftspolitischen Aushandlung zu Problemen und deren Lösungen. Konkret: Jeder, der von den Auswirkungen betroffen ist, muss beteiligt werden, (möglichst) wahre bzw. überprüfbare Informationen sollen auf dem Tisch liegen und in Freiheit soll jeder seine Meinung sagen können.

Die Fragen lauten also: Wie schafft ein Lösungsvorschlag die Balance zwischen dem Wohl des Einzelnen und dem Gemeinwohl aller, den Erfordernissen von Solidarität, die zu Hilfe eilt, in Spannung zu Subsidiarität, die Räume zur Entfaltung eigener Fertigkeiten sucht, die Balance zwischen Gerechtigkeit, die nicht auf Kosten der Nachhaltigkeit gehen darf, und einem Ansatz, der vor allem den Armen nützt, ohne die Bedingungen universaler Liebe zu verletzen usw.? Diese Vorgehensweise gibt allen, die diese Prinzipien und Werte teilen, einerseits eine klare Richtung vor und ermöglicht eine universelle Einheitlichkeit an Kriterien zur Beurteilung globaler Probleme – eine Mindestvoraussetzung zu koordiniertem Handeln auf globaler Ebene. Sie ist zugleich durch ihre Offenheit anschlussfähig an andere kulturelle Normen (die Spannung zwischen Personalismus und Gemeinwohl beispielsweise an den afrikanischen »Ubuntu«-Gedanken), respektiert dabei lokale, kulturelle und weltanschaulich unterschiedliche Kontexte und verhindert so eine kulturelle Dominanz oder Vereinnahmung.

Hinsichtlich Mitgliedern anderer Weltanschauungen außerhalb der eigenen Gemeinschaft gilt hingegen zu bedenken, dass in vielen Bereichen der pluralistischen Gesellschaft eine positive Einigung auf Schlüsselkriterien oft schwierig sein kann. Dies verdeutlicht etwa die Äußerung von Oliver Bäte, CEO der Allianz-Versicherung, der im November 2018 meinte: »Gerechtigkeit ist für mich ein marxistischer Begriff – ich weiß nicht, was das ist.« Und da hat er recht: Marxisten, Neoliberale, Populisten und Christen werden »Gerechtigkeit« sehr unterschiedlich definieren und werden sich wohl kaum einigen können. Ich folge deshalb lieber Karl Poppers (1947) und Amartya Sens (2010) Empfehlungen. Beide verzichten auf einvernehmliche Definitionen großer Konzepte, sondern konzentrieren sich auf die Identifizierung von Ungerechtigkeiten, auf deren Vorhandensein man sich aufgrund von Empathie (sofern man sie hat) schneller einigen kann: Jeder weiß, unter welchen Bedingungen er sicher nicht leben möchte. Hat man erst einmal diese Einigkeit, so kann man sich mithilfe guter Analysen und passender »Sozialtechnik« bemühen, diese ungerechte Situation zu beseitigen. Dabei ist der Rahmen eben wichtig: Auch wenn Neoliberale und Katholiken sich auf eine ungerechte Situation verständigen können, ist entscheidend, in welcher Richtung eine Lösung gesucht wird. So gelangen die einen von »freien Märkten« und »Wettbewerb« zur Forderung nach »Chancengerechtigkeit«, die anderen von »geregelten Märkten« und »Solidarität« zur »Chancengleichheit«. (Natürlich bestimmen solche Wertannahmen auch die Problemanalyse gemäß dem Winston Churchill zugeschriebenen Ausspruch: »Ich glaube nur der Statistik, die ich selbst gefälscht habe« – aber das wäre ein Thema für sich.)

Widerspricht jedoch vorstehende Empfehlung nicht meinem Ausgangspunkt, dass es nämlich angesichts der heutigen Megaprobleme nicht mehr länger um Verbesserung in Teilbereichen, sondern um das Große und Ganze geht? Nein, denn Ungerechtigkeiten findet man schließlich auch im Großen und Ganzen. Und, um nochmals mein Bild von Eisenspänen und Magnet zu bemühen: Trimmt man all das, was hinsichtlich der Beseitigung von Ungerechtigkeit geschieht, in die Richtung, in die man Wirtschaft und Gesellschaft insgesamt bewegen will (in meinem Fall eben die von Bibel und der Soziallehre vorgegebene), dann wird nicht nur gehandelt, sondern auch Bewusstsein gebildet, welches wiederum neue Handlungen initiiert und beeinflusst usw. Dann wird irgendwann ein Schneeball- und Synergieeffekt eintreten, in dessen Verlauf ein System tatsächlich in eine neue Qualität kippen kann, da das Ganze stets mehr ist als die Summe seiner Einzelteile – die populäre Fassung der wissenschaftlichen Kenntnis von Emergenz in komplexen Systemen. Und weil Ergebnisse so verschieden sind, je nachdem ob Neoliberalismus, Populismus oder Bibel und Soziallehre die Richtung vorgeben, ist das Einmischen von jedem und jeder so wichtig.

Beispiel: Migration

Nach all dem Abstrakten ein konkretes Beispiel: Es gibt nur wenig Bereiche mit mehr Ungerechtigkeit und Elend bzw. Konflikten im praktischen Zusammenleben als der Kontext Migration. Gleichzeitig erkennen wir Handlungsbedarf: Wie der Klimawandel lassen Migrationsbewegungen deutlich werden, dass in unserer Welt einiges aus dem Ruder läuft. Und es besteht ein Zusammenhang zwischen beidem: Schon jetzt gibt es »Umweltflüchtlinge«, und tun wir nichts gegen den Klimawandel, könnten in absehbarer Zeit zusätzlich zwischen 140 Millionen (Weltbank) oder gar 280 Millionen Menschen (IPCC) entwurzelt werden.

Ergo: Was würde das bisher Gesagte für den Umgang mit Migrationsbewegungen und Migranten hier und heute bedeuten?[5] Ich beginne mit dem empirisch-abstrakten Problem von Migration als solchem, bevor ich zum Umgang mit konkreten Migranten komme.

Globalisierung und Migration

Ein Punkt, der heute angesichts populistischer Vereinfacher besonders herausgestellt werden muss, ist das Ausmaß an faktischer globaler Vernetzung

5 Zusätzlich zu Vorstehendem Alt, 2001, Alt, 2009 und Alt, 2018i.

(Globalität), die durch die Globalisierungsprozesse gewachsen ist. Zudem gilt, dass diese Prozesse für jeden, auch für uns Deutsche, sowohl vorteilhafte wie nachteilige Zusammenhänge geschaffen haben und wir mit beiden leben lernen müssen. Zu Letzterem gehören etwa die Erzeugung und Verfestigung von Ungleichheit oder die Verstärkung des Klimawandels. Was wir in Deutschland beispielsweise im Bereich CO_2-Ausstoß (nicht) tun, hat anderswo Auswirkungen, das gilt auch umgekehrt.

Zugleich gilt: Auf Armut, Ungleichheit oder Klimawandel reagieren Menschen weltweit nach ihrer je eigenen Weise und im Rahmen der ihnen zugänglichen Möglichkeiten – ob uns das passt oder nicht. Dabei nutzen sie auch Instrumente und Optionen, die sich im Zuge der Globalisierung verbreitet haben, und das in einer Weise, die wir wiederum nicht mitbestimmen können. Informationen über die Lebenssituation in reichen Ländern oder »Migrationsdienstleister« (= Schleuser) erhalten sie über das Internet, ebenso bieten Internet und GPS alle nötigen Voraussetzungen für Orientierung oder informelle Geldtransfers. Selbst Mauerbau und Schießbefehl an der Grenze, wie bereits ins Spiel gebracht, würde unerlaubte Grenzübertritte nicht verhindern können. Solange wir in Europa Handel treiben oder gewollte Reisebewegungen befürworten, also Touristen, Studenten, Arbeitnehmer, Geschäftsreisende, Familienzusammenführung oder

Besucher, so lange wird man die unerlaubte Nutzung solcher Optionen nicht unterbinden können (*embedded migration*): Würde man den Grenzverkehr umfassend kontrollieren wollen, würde er schlicht zusammenbrechen. Aktuelle Zahlen zu Grenzübertrittsbewegungen sind schwer zu bekommen, aber als ich mich zuletzt intensiv damit beschäftigte, lagen die Reisendenzahlen über die deutschen Außengrenzen bei ca. 900 Millionen (1995–1997) pro Jahr, allein an der 356 km langen bayerisch-tschechischen Grenze bei 65 bis 68 Millionen (1999–2005) pro Jahr. Es werden heute kaum weniger sein, und nicht umsonst gehört der illegale Erwerb von Blankopässen und anderen Identitätspapieren zu begehrten Zielen von Verbrechergruppen! Als ich einst einen hohen Offizier des Bundesgrenzschutzes mit der Frage provozierte: »Ich wette mit Ihnen, dass ich jeden über die Grenze bringen kann – halten Sie dagegen?«, antwortete dieser: »Ich bin doch nicht naiv!«

Ganz entscheidend ist, das globale Migrationsgeschehen auch als »Marktgeschehen unter erschwerten Bedingungen« zu begreifen: Selbst im illegalen Segment gelten Angebot und Nachfrage, definiert etwa durch den Wunsch von deutschen Arbeitgebern nach willigen und billigen Arbeitskräften. AfD-Fraktionschefin Alice Weidel ist sicher nicht die einzige inkonsequente Patriotin, die jenseits der Gesetze außereuropäische Putzfrauen beschäftigt. Arbeitszeit und Bezahlung verwehren etwa heutzutage vielen Familien die Möglichkeit zur Beschäftigung legaler Pflegekräfte für ihre Angehörigen. Oder: Ohne die zunächst erfolgte Zerstörung ihrer Fanggründe durch Fischereischiffe aus dem Ausland wären eine Reihe ehemaliger Fischer an Afrikas Ost- und Westküste nicht zu Migranten oder Schleusern geworden. Staatliche Interventionen, wie etwa die Erschwerung von Grenzübertritten, beeinflussen dabei die Preise für »Migrationspakete«, aber Verschuldung oder das Vorhandensein von Zeit und Geduld können hier Lösungen finden. Zugleich erhöhen solche Maßnahmen auch das Risiko und führen deshalb zu mehr Toten, was die wirtschaftliche Lage der Zurückbleibenden nicht verbessert und ein weiteres Mitglied in die Migration treibt – und so dreht sich der Teufelskreis weiter.

Dass solche Zusammenhänge bestehen, etwa von Klimawandel und Fluchtbewegung, thematisieren die Kids der FridaysForFuture-Bewegung sehr deutlich. Allzu viele »Etablierte« wissen darum, fahren aber lieber mit auf dem Zug der Rechtspopulisten und deren Sündenbocktheorien. Deren Tendenz, Flüchtlinge für alle möglichen Missstände verantwortlich zu machen, wird immer absurder. Eine offizielle Pressemitteilung der AfD-Bundestagsfraktion kommentierte etwa die Ermordung des CDU-Politikers Lübcke durch einen Rechtsextremen wie folgt: »Hätte es die illegale Grenzöffnung durch Kanzlerin Angela Merkel … nicht gegeben, würde Walter Lübcke noch leben.« Oder der Lösungsvorschlag des AfD-Bundestagsabgeordneten Dr. Rainer Kraft für Klimawandel und Migration: »Massenmigration« aus Afrika muss deshalb verhindert werden, weil »der CO_2-Abdruck eines« Menschen in Mitteleuropa »zehnmal so groß (ist) wie der eines Menschen in Afrika«.

Zu glauben, man könnte hochkomplexe Realitäten unterkomplex und einfach lösen, ist nicht nur dumm, sondern auch gefährlich. Natürlich kann man versuchen, sich national abzuschotten. Aber dann muss man auch über den mittelfristigen Preis reden. Oder anders formuliert: Auch Wohltaten, die man in einem nationalen Sozialismus verteilen will, müssen zunächst irgendwie nachhaltig erwirtschaftet werden. Dann aber gilt: Exportweltmeister bleibt man nur, wenn es auch solche gibt, die mit uns Handel treiben und unsere Güter kaufen wollen und können! Oder: Wer soll in einem neuen, auf sich bezogenen Deutschland all die Arbeiten machen, die Deutsche nicht mehr machen wollen oder, angesichts demographischer Entwicklungen, können? Gibt es dann wieder einen Reichsarbeitsdienst? Sicherlich wären Neonazis und Skinheads dafür die ersten Freiwilligen!

In welche Zwickmühlen jedenfalls eine Migrationspolitik gerät, die nicht konsequent auf Fluchtursachenbekämpfung setzt, zeigte Herr Erdogan im Oktober: Als Empfänger deutscher Waffenlieferungen (allein in den ersten vier Monaten von 2019 in Höhe von 184,1 Millionen Euro) kann er die EU damit erpressen, dass er die Grenzen für Millionen Flüchtlinge zu öffnen droht, während er durch seine völkerrechtswidrige Invasion gleichzeitig neue Flüchtlingsströme produziert.

Menschenwohl und Gemeinwohl, Solidarität und Subsidiarität

Wie können uns nun die Prinzipien und Werte der Katholischen Soziallehre helfen, diesen Problemkomplex zu bewerten und entsprechende Handlungsoptionen zu entwickeln?

Normativ sind im Umgang mit Migration und Migranten vor allem vier Prinzipien von Bedeutung: Zunächst das Personalitätsprinzip hinsichtlich jedes einzelnen Menschen und das Gemeinwohl aller. Letzteres wiederum muss unter Berücksichtigung der herangewachsenen Globalität, also den faktisch gewachsenen Zusammenhängen, auch global gedacht werden, was sodann den Rahmen absteckt für die Anwendung der Prinzipien Solidarität und Subsidiarität.

Die globale Dimension von Solidarität hat Oswald von Nell-Breuning bereits vor vielen Jahrzehnten erkannt: »Solidarität bedeutet ... (1) eine

Tatsache, den tatsächlichen Sachverhalt, der völlig unabhängig davon besteht, ob wir darum wissen, ob wir damit einverstanden sind, ob wir ihn wollen oder nicht, und (2) die sittlich rechtliche Forderung oder Verpflichtung, der wir ... nachkommen, der wir uns aber auch versagen und ihr zuwiderhandeln können; die Folgen dieses unseres Wohl- oder Fehlverhaltens müssen wir allerdings in Kauf nehmen; ihnen können wir uns letztlich nicht entziehen« (Nell-Breuning, 1983, S. 41f.). Aber: Sind wir folgend dem komplementären Prinzip der Subsidiarität wirklich verantwortlich für die ganze Welt und nicht vielmehr eher für unser eigenes Gemeinwesen? Das ist natürlich nicht von der Hand zu weisen, zugleich gilt es auf der Hut zu sein, weil »Subsidiarität ohne Solidarität (in) Gefahr läuft, Formen eines egoistischen Regionalismus zu fördern« (Kompendium Nr. 351) – eine Falle, vor der sich »America First« oder »Bavaria First« hüten müssen.

Von Menschen und Menschen

Nun zum Umgang mit und der Behandlung von konkreten Menschen. Damit sieht es in Deutschland auf den ersten Blick gut aus, denn hier gilt doch Artikel 1 des Grundgesetzes, den ich in voller Länge zitieren möchte:

»(1) Die Würde des Menschen ist unantastbar. Sie zu achten und zu schützen ist Verpflichtung aller staatlichen Gewalt.

(2) Das Deutsche Volk bekennt sich darum zu unverletzlichen und unveräußerlichen Menschenrechten als Grundlage jeder menschlichen Gemeinschaft, des Friedens und der Gerechtigkeit in der Welt.

(3) Die nachfolgenden Grundrechte binden Gesetzgebung, vollziehende Gewalt und Rechtsprechung als unmittelbar geltendes Recht.«

Nur: Gilt dieser Artikel wirklich? Diesen Auftrag hat Deutschland nicht einmal im Geltungsbereich des Grundgesetzes beachtet, weil stets unterschieden wird zwischen deutschen Menschen, nichtdeutschen Menschen, asylsuchenden und »illegalen« Menschen: Für jede Gruppe gab es jeweils unterschiedliche »Rechte-Pakete«, und wo es zu »Rechtsgüterkollisionen« kam, wurde und wird Ausländerrecht allzu oft über Menschenrecht gestellt.

Aber auch im internationalen Bereich werden Menschenrechte anderen Politikzielen untergeordnet: Allein der Gedanke, mit Autokraten und Diktatoren in Afrika menschenwürdige Lösungen zur Unterbindung von Fluchtbewegung oder Unterbringung von Flüchtlingen aushandeln zu können, ist mehr als zynisch.

Die Spannung zwischen der Würde des Einzelnen und globaler Realpolitik

Zugegeben, es ist auch für Christen schwierig, eine realpolitisch-pragmatische Balance zwischen dem gebotenen Respekt für Menschenrechte und Menschenwürde des Einzelnen einerseits und der Lösung hochkomplexer Fluchtursachen sowie den Beschränkungen, die aufgrund von Knappheit an Ressourcen und Mangel an demokratisch legitimierten Mehrheiten andrerseits bestehen, zu finden. Hier sehe ich zwei Pole, die das Feld der Lösungssuche abstecken: Unverhandelbar ist aus christlicher Sicht, dass jede Form von rassistischer Ausgrenzung bekämpft gehört. Einander auf Augenhöhe zu respektieren, kostet erst einmal gar nichts, bedeutet aber alles. Dies verdeutlicht Jesu Umgang mit der syrophönizischen Frau (Mt 15,21–28): Jesus teilte ursprünglich, ganz Kind seiner Zeit, die Abneigung vieler jüdischer Zeitgenossen gegen »die Ungläubigen« oder »die Ausländer«, deshalb verweigerte er der Frau zunächst die von ihr erbetene Hilfe, weil man »das Brot der Kinder nicht den Hunden vorwerfen« solle. Aber: Die Begegnung mit der Frau öffnete ihm die Augen. Er erkannte die Gefahren pauschaler Schwarz-Weiß-Malerei und dass auch unter »den Ausländern« gute, gottgläubige und gottgefällige Menschen sind. Diese Einsicht findet ihren provokanten Gipfel im Gleichnis vom Barmherzigen Samariter, einer Gruppe stammend, die von frommen Juden besonders verachtet und gemieden wurde, und auf die Jesu Jünger gerne Feuer vom Himmel herabgerufen hätten (Lk 9,51–56). Auf heute gemünzt würde das Gleichnis bedeuten, dass Nichtchristen in den Augen Jesu die besseren Christen sein können. So viel zum Prinzipiellen im Umgang mit Migranten.

Hinsichtlich der Pragmatik stellt sich etwa die Frage des Umgangs mit den vielen Flüchtlingen, die von deutschen Behörden nicht als solche anerkannt wurden und sich zwischenzeitlich als gut integriert, arbeitswillig und fleißig erwiesen haben. Warum muss man diese abschieben, während man zugleich versucht, aus Drittländern Arbeitskräfte für »Engpassjobs« neu anzuwerben? Auf diese Weise wird bei den einen wegen offenkundiger Perspektivlosigkeit kriminelles Verhalten provoziert, welches anschließend zur Rechtfertigung weiterer Abschiebungen herangezogen wird, bei den anderen ist eine vergleichsweise gute Integration bestenfalls eine Hoffnung. Wie das dem inneren Frieden dienlich sein soll, entzieht sich meiner Fassungskraft. Sicherlich mag man fragen, warum es denen, die hier sind, besser gehen sollte als all jenen, die es erst gar nicht nach Deutschland geschafft haben. Zunächst einmal, weil ich aufgrund meiner langjährigen Arbeit mit Flüchtlingen viele Fälle kenne, in denen Behörden und Gerichte eine falsche Entscheidung getroffen haben, etwa, weil sie sich aufgrund von Arbeitsdruck in Ablehnungsbescheiden mit Textblöcken beholfen haben, die auf das Geschick des Einzelfalls nicht eingehen. Oder schlicht deswegen, dass man hier eine *Win-Win* Situation für Aufnahmegesellschaft und Migranten nützen sollte, ohne die Not der Herkunftsländer deshalb zu ignorieren.

Natürlich gibt es Probleme im konkreten Zusammenleben und es wäre naiv, das zu leugnen: in der Schule, in der Nachbarschaft, in der Straßenbahn ... Dabei ärgert mich, dass jene, die mit solchen Problemen nicht konfrontiert sind und sie zumeist nur aus den Medien kennen, oft die ausgeprägtesten Ansichten haben – und dies gilt für die Verteidiger von Migranten ebenso wie für deren Gegner. Natürlich wurden in der Vergangenheit viele Fehler gemacht, weswegen es heute Parallelgesellschaften gibt. Aber auch hier gilt: Aus den Fehlern lernen und nach vorne schauen. Dabei ist die Frage, ob »der Islam« zu Deutschland gehört oder nicht, eine Ablenkung vom Eigentlichen: Wie wir das Zusammenleben zwischen Deutschen und Menschen anderer kultureller Prägung organisieren – etwa auch schlecht integrierte ethnische Deutsche (z.B. »Aussiedler«). Hier gelten selbstverständlich und zuerst für alle, die in Deutschland leben, die deutschen Gesetze. Darüber hinaus gilt es jene zu unterstützen, die Integrationsarbeit vor

Ort leisten: kulturell geschulte Mediatoren und gute Sozialarbeit ebenso wie Arbeitgeber, die Selim genauso einen Job geben wie Fritz, oder der Frauennachbarschaftsgruppe im Stadtviertel. Ich bin überzeugt, dass sich auch heute noch vieles mit etwas gutem Willen allerseits im Gespräch, gerne auch Streit lösen lässt und dass wir den »Kampf der Kulturen« vermeiden können – aber es wird kosten. Je länger wir jedoch warten, umso mehr wird es kosten.

Unstreitig ist für mich sodann nach vielen Jahrzehnten Begegnung mit Flüchtlingen und Forschung im Bereich Migration auch ein Weiteres: Jeder Mensch liebt seine Heimat, Familie und Angehörige, vertraute Tradition und Kultur. Nicht nur Deutsche, auch Flüchtlinge. Deshalb ist der glücklichste Flüchtling und Migrant zunächst einmal jener, der jederzeit zu Hause ein Leben in materieller Absicherung und in Frieden leben kann bzw. jener, der, wenn er schon temporär in die Ferne gehen muss, jederzeit nach Hause zurückkehren kann. Entsprechend wichtig ist, dass man nach Lösungen für Migrationsursachen sucht und dieser Suche mindestens so viel Aufmerksamkeit und der Bedeutung entsprechende Ressourcen widmet wie der Aufnahme und Versorgung von Flüchtlingen bei uns oder Abschottungs- und Abschreckungsmaßnahmen. Das ist aber nicht der Fall. Doch nur bei angemessener Hilfestellung können wir mit moralischer Legitimation von den Leuten verlangen, sich für den Aufbau ihrer eigenen Heimat einzusetzen! Dabei sollte man nicht vergessen: Geldrücküberweisungen von Migranten an ihre Familien daheim haben eine stärkere armutsbekämpfende Wirkung in den Herkunftsländern als unsere Entwicklungshilfe. Oder: Aus Afrika fließen pro Jahr, etwa durch Steuertricksereien, mehr Gelder in die Industriestaaten ab als durch Entwicklungshilfe und ausländische Direktinvestitionen hineinfließen. Oder: Ein kluges Migrationssystem wird von einigen als bestgeeignetste Entwicklungshilfe angesehen, die globale Wohlstandsgewinne von bis zu 65 Billionen US-Dollar möglich erscheinen lassen (Pritchett, 2009). Sicherlich: Den generellen Wunsch nach Auswanderung und einer guten Ausbildung, die Neugier auf andere Länder und Kulturen etc. wird man Menschen in Afrika genauso wenig verbieten können wie deutschen Touristen. Aber dies sind Migrationstypologien, die anders gesteuert werden können als Fluchtmigration.

Übrigens: Auch die AfD findet, ein Flüchtlingsproblem »sollte gar nicht erst entstehen und (will) deshalb, dass die Grenzen komplett geschlossen werden«, so der Vorsitzende der Vereinigung Christen in der AfD (Kuhs, 2019). Mitverantwortung für Fluchtursachen und Ursachenbekämpfung? Fehlanzeige! Wer aber Flucht und Migration durch Abschottung, Strafbewehrung, Verhaftung und

Abschiebung aus den Augen und aus dem Sinn verdrängen und so suggerieren möchte, dass es keine wirklichen Probleme mehr gibt, versündigt sich vielfach: an einzelnen Menschen, aber auch an der Menschheit, denn hier wie überall gilt, dass verdrängte Probleme mit umso größerer Härte und in größerem Ausmaß zurückkommen.

Zwischenbilanz

In welche Richtung der Zug geht, ist schwer zu sagen, aber drei »Zeichen der Zeit« sind durchaus interessant und stimmen hoffnungsvoll: erstens die Analysen jener, die im faktischen Aufstieg der *collaborative Commons*, also Werten, die kooperativ geschaffen werden, den Anfang vom Ende des Wettbewerbskapitalismus sehen. Zweitens der wachsende demonstrative, subversive, praktische, unternehmerische etc. Widerstand gegen die Dominanz des Finanzkapitals über Natur-, Human- und Sozialkapital, der – drittens – vielleicht auch zum Zustandekommen zweier wichtiger Verträge im Jahr 2015 beitrug, die es ermöglichen können, weltweit Gestaltungsmacht über »die Märkte« und »das Kapital« zurückzuerobern: der Vertrag zu den Nachhaltigen Entwicklungszielen und das Pariser Klimaabkommen. All dies wartet nur darauf, von den Prinzipien und Werten der Soziallehre mitgestaltet zu werden! Hat sie das Rüstzeug dazu?

Seit ihrer Erfindung hat sich die Katholische Soziallehre als richtungsweisend und anpassungsfähig erwiesen. Entsprechend zuversichtlich bin ich, dass sie auch für den Umgang mit den *Rerum Novarum* des dritten Jahrtausends weiterentwickelt und normativer Kompass für die Reaktion auf die heutigen Megakrisen werden kann. Zugleich birgt die Offenheit der Prinzipien und Werte sowie die Notwendigkeit, sie an jeweils konkreten Problemen anzuwenden und innerhalb verschiedener Kontexte und Traditionen einzusetzen, die Gefahr, dass sie im Buchstaben und Geist missbraucht wird und beispielsweise auch durch Neoliberale und Populisten zur Begründung ihrer Sichtweisen vereinnahmt werden. Entsprechend gilt: Die Katholische Soziallehre »hat« man nicht fest im Besitz, sie ist stets ein gefährdeter Besitz, für den man streiten muss.

Hier sei an die nach wie vor unbestrittene Einsicht des katholischen Verfassungsrichters Ernst-Wolfgang Böckenförde erinnert, die da lautet: »Der freiheitliche, säkularisierte Staat lebt von Voraussetzungen, die er selbst nicht garantieren kann.« Diese Einsicht erinnert daran, dass Dreh- und Angelpunkt für die Lösungen all unserer Probleme heute jedes einzelne Mitglied unserer Gesellschaft ist, dass aber ebenso »weltanschauliche Zusammenschlüsse« dieser Einzelnen und ihr Engagement wichtig sind für das normative Wertegerüst einer Gesellschaft. Hier hat dann auch kirchliches Handeln (allein oder in zivilgesellschaftlichen Bündnissen) wie Kirchenasyl, die »ungesetzliche« Versorgung von Migranten, die Blockierung von Startbahnen (Friedensbewegung), Kraftwerken und Infrastruktur (Klimastreik, *Extinction Rebellion*) oder andere Formen zivilen Ungehorsams ihren Platz, denn es gehört zum Erbe und der Verpflichtung von Christen und Kirchen, Staat und Gesellschaft an die Werte zu erinnern, ohne die uns keine Zukunft in nachhaltigem Wohlstand, Frieden und Zufriedenheit beschert sein wird.

Handeln: Herausforderung und Chance von Christen und Kirchen

Entsprechend wird der letzte Teil meines »Bekenntnisses« den Gang der obigen Problemanalyse umkehren: jegliche Lösung für die Herausforderungen unserer Zeit beginnt bei dem Einzelnen (3. Problemlevel) und führt über die Wiederherstellung von *governance* (2. Level) hin zu Lösungen für die großen Megakrisen unserer Zeit (1. Level).

Antworten auf Probleme des dritten Levels

Was ist ein »gutes Leben«?

Am Ende der empirischen Problemanalyse stand die Forderung nach einer zweiten Aufklärung, d. h. dem Entschluss des Einzelnen, sich seines Verstandes »ohne Leitung eines anderen zu bedienen«, ohne durch Werbung, Modetrends oder Statuskonsum (d. h., man kauft Dinge, um dadurch den Nachbarn zu übertreffen) abgelenkt zu werden. In anderen Worten und gut christlich: sich zu bekehren und umzukehren. Entscheidend ist dabei die Frage, was für jeden Einzelnen ein »gutes Leben« ausmacht. Und wer immer sich dieser Frage stellt, wird feststellen, dass die besten und wichtigsten Dinge im Leben für Geld nicht zu haben sind. In den Worten Robert Kennedys: »Wir können die Seele unserer Nation nicht durch den Dow-Jones-Index messen. Und das Bruttoinlandsprodukt umfasst die Verunreinigung der Luft und Krankenwagen, die das Blutbad auf unseren Autobahnen wegräumen usw. Das Bruttosozialprodukt ist ungeeignet als Maß für die Gesundheit unserer Familien, die Qualität ihrer Ausbildung oder die Freude ihres Spielens. Es beinhaltet weder die Schönheit unserer Poesie noch die Stärke unserer Ehen noch die Intelligenz unserer öffentlichen Debatte oder die Integrität unserer Amtsträger. ... Es misst weder unseren Verstand noch unseren Mut, weder unsere Weisheit noch unser Mitgefühl ... Kurz gesagt: Das Bruttosozialprodukt misst alles, außer dem, was das Leben lebenswert macht.«

Wer hier zu entsprechenden Erkenntnissen gelangt ist, muss natürlich danach leben, um ihre Wahrheit zu erfahren. Dabei wird man auf bislang liebgewonnene Dinge, Möglichkeiten und Routinen verzichten müssen. Doch es geht weniger um einen Verzicht als vielmehr um einen Tausch: Jeder, der etwas Gutes aufgibt, erhält zugleich etwas anderes Gutes, das er aber vielleicht neu entdecken und schätzen lernen muss. Wer etwa das Auto gegen ein Fahrrad austauscht, entschleunigt sein Leben ebenso wie er seine Gesundheit fördert.

Haupthemmnis beim Schreiten vom Erkennen zum Tun scheint mir allerdings weniger Egoismus zu sein, der sich nicht um die Lebensbedingungen künftiger Generationen schert, sondern die Angst vor Leere: Aktivismus und Konsumismus ist eine Art, die Abwesenheit existenzieller Werte zu überspielen. Bereits Keynes dachte »mit Schrecken an die Umstellung der Gewohnheiten und Triebe des durchschnittlichen Menschen, die ihm über ungezählte Generationen anerzogen wurden ... Zum ersten Mal seit seiner Erschaffung wird der Mensch damit vor seine wirkliche, seine beständige Aufgabe gestellt sein – wie seine Freiheit von drückenden wirtschaftlichen Sorgen zu verwenden, wie seine Freizeit auszufüllen ist, die Wissenschaft und Zinseszins für ihn gewonnen haben, damit er weise, angenehm und gut leben kann« (1930). Umso wichtiger, die Frage nach dem wahrhaft guten Leben anzugehen, auch und gerade angesichts der absehbaren Veränderung menschlicher Arbeit durch Digitalisierung und Robotisierung!

Eine persönliche Bekehrung kommuniziert sich weniger durch Worte als über den persönlichen Lebens- und Konsumstil. Und dies ist ein kritischer

Punkt: ob man ein solch einfaches, »gutes Leben« moralinsauer lebt, weil man in Wirklichkeit doch lieber einen Langstreckenflug auf die Malediven buchen würde, bevor sie im Meer versinken, oder aus tatsächlicher Freude heraus, merken Menschen der Umgebung sehr schnell. Sicher: Wegen mir allein wird kein Flugzeug weniger fliegen; wenn ich mein Konto bei der Deutschen Bank kündige, wird sie deshalb nicht wanken; wenn ich Bücher beim Händler um die Ecke kaufe, beeindruckt das Amazon wenig. »Wir fühlen, dass alles, was wir tun, nur ein Tropfen ist im Ozean. Aber wäre dieser Tropfen nicht, so würde er den Ozeanen fehlen« (Mutter Teresa). Abgesehen von dem Gewinn auf der persönlich-existenziellen Ebene gibt es gute Gründe, es dennoch zu tun: »Viele kleine Leute in vielen kleinen Orten, die viele kleine Dinge tun, können das Gesicht der Welt verändern«, sagt ein afrikanisches Sprichwort.

Engagement für das Gemeinwesen

Natürlich braucht es über das Persönliche hinaus auch Wege und Mittel, auf denen aus den Überzeugungen der Einzelnen Gestaltung und Politik werden kann. Deshalb muss die persönliche Lebensführung ergänzt werden durch Engagement in oder Stärkung von Zusammenschlüssen, die sich gegen die Auswüchse des gegenwärtigen Wirtschafts- und

Gesellschaftssystems einsetzen. Mehr noch: Wir müssen uns für die »Bedingungen der Möglichkeit« gesellschaftspolitischer Gestaltung einsetzen, d. h. für funktionierende demokratisch-partizipative Strukturen, in die sich alle einbringen können, die von den Auswirkungen gesellschaftspolitischer Entscheidungen betroffen sind – und nochmals – sowohl im eigenen Land als auch sonstwo in der Welt. Denn es ist nicht besonders moralisch, in Deutschland den Umweltschutz und die soziale Gerechtigkeit zu verwirklichen, wenn man die hässlichen Nebeneffekte in andere Weltgegenden auslagert, wo Menschen hilflos sind, sich dagegen zu wehren (Lessenich, 2016).

Ein solches Engagement ist nicht jedem im gewünschten Ausmaß möglich, da wir heutzutage vielen »Sachzwängen« unterworfen sind, denen wir uns schlecht entziehen können: Wer einen Job hat, muss sich nach Firma und Arbeitgeber richten, vor allem junge Familien stehen unter Druck, weil sie sich vielleicht für ein Haus verschuldet haben oder Geld und Zeit für die Behandlung und Pflege von Familienangehörigen benötigen. Andere fühlen sich überfordert angesichts der heutigen Komplexität von Problemen: Niemand kann kompetent gegen die Finanzmärkte *und* den Klimawandel agitieren, während er sich gleichzeitig mit den Gefahren des digitalen Plattformkapitalismus und der Künstlichen Intelligenz beschäftigt. Doch selbst Menschen, die Kompetenz und Zeit für ein Engagement hätten, tun dies oft nicht – etwa, weil sie der Meinung sind, dass ihr persönlicher Beitrag keinen Unterschied macht, weil es immer noch viel mehr gibt, die dem »Weiter-So« und »Mehr-Davon« huldigen, weil es eh zu spät ist ... Ich möchte bei der letzten Gruppe beginnen und allen Verzagten Mut machen, ihrem Engagement aus zwei Gründen zuversichtlich treu zu bleiben.

Von Kipppunkten und Umbrüchen

Den ersten Grund veranschaulicht die Grafik auf der nächsten Seite, die ich im Hauptgutachten Gesellschaftlicher Wandel (WBGU, 2011, S. 100) gefunden habe: Es geht um die Bedeutung, die Kipppunkte haben können.

Kipppunkte habe ich bereits für den ökologischen Bereich angesprochen, aber es gibt sie auch in der Geschichte. Die Grafik zeigt ein dominierendes Gesellschaftssystem, welches längere Zeit existiert und selbst durch plötzliche Ereignisse (etwa die Wirtschafts- und Finanzkrise 2008, versinnbildlicht durch den Einbruch bei den »Megatrends«) nicht erkennbar angeschlagen wird. Dennoch kann es ein Koloss auf tönernen Füßen sein. Zum einen, weil sich die Anzeichen mehren, dass das aktuelle Paradigma tatsächlich an seine Grenzen stößt (Migration, Klimawandel, Terror ...)

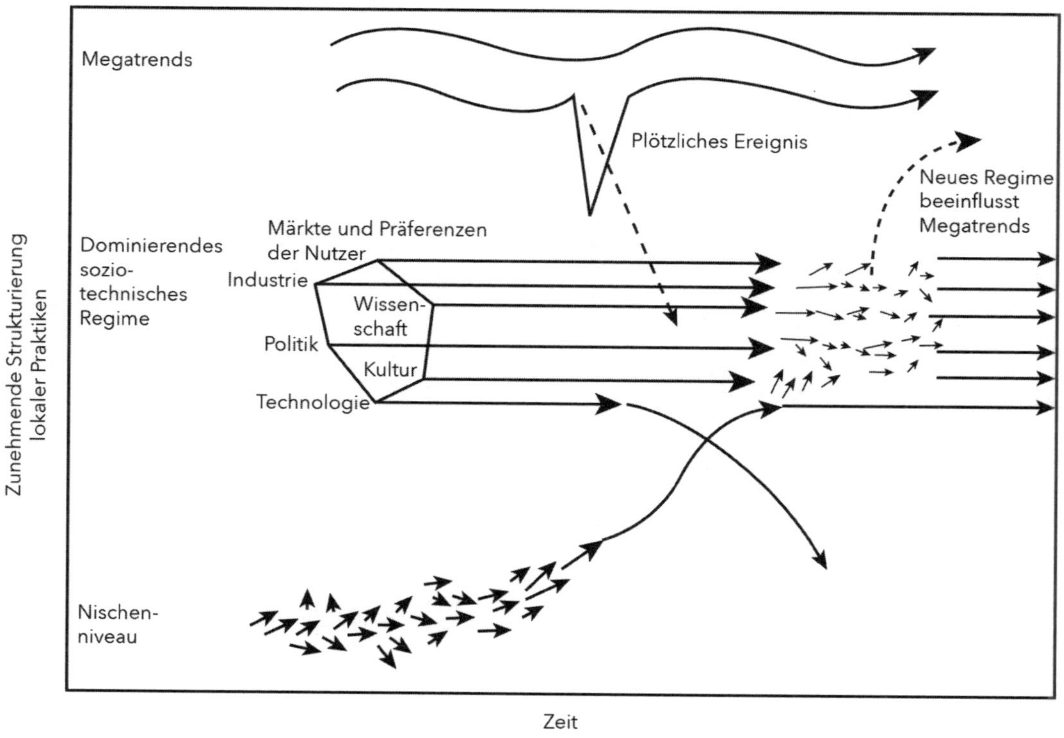
Megatrends
Plötzliches Ereignis
Neues Regime
beeinflusst
Megatrends
Dominierendes
sozio-
technisches
Regime
Märkte und Präferenzen
der Nutzer
Industrie
Wissen-
schaft
Politik
Kultur
Technologie
Nischen-
niveau
Zunehmende Strukturierung
lokaler Praktiken
Zeit

und Ausschläge bei den Megatrends häufiger und heftiger erfolgen können. Zum anderen, weil zu allen Zeiten Dissidenten einzeln und gemeinsam auf Nischenniveau über Heterodoxien und Alternativen nachdenken und dieselben vielleicht schon praktisch ausprobieren. Irgendwann wird der Druck auf das dominierende Regime derart groß, dass nicht mehr sicher ist, ob es sich nochmals fängt oder ob es irreparabel kippt und durch etwas anderes ersetzt wird.

Ein Kipppunkt für unser gegenwärtiges System kann zunächst aus den systemischen Instabilitäten entstehen, etwa ein neuer Zusammenbruch des Finanzsystems, ausgelöst vom Schattenbanksystem Chinas, einer durch Italien ausgelösten Eurokrise, den Folgen eines Wegfalls fossiler Energien (*Peak Oil*) oder einem neuen, von Computern ausgelösten *Flash-Crash* an den weltweit vernetzten Börsen. Der Kipppunkt kann aber auch von Menschen ausgelöst werden und so den Gang der Dinge verändern. Aus den letzten Jahrzehnten möchte ich folgende Kipppunkte erwähnen:

- Am 9. November 1989 wurde Günther Schabowski, SED-Politbüromitglied, auf einer liveübertragenen Pressekonferenz gefragt, wann die neuen Reisebestimmungen für DDR-Bürger in Kraft treten würden. Schabowski wusste es nicht, stammelte: »Das trifft nach meiner

Kenntnis … ist das sofort, unverzüglich« und brachte damit nicht nur die innerdeutsche Mauer zum Einsturz.

- Am 31. August 1997, einen Tag vor Beginn der entscheidenden Konferenz zum Verbot von Anti-Personenminen in Oslo, hatte Prinzessin Diana ihren tödlichen Unfall in Paris und die zivilgesellschaftliche Kampagne für ein Verbot dieser Waffen verlor eine ihrer herausragendsten Unterstützerinnen. Es sah schlecht aus, als gegen Ende der Konferenz die USA, die auf diese Waffen nicht verzichten wollten, Großbritannien unter Druck setzten, sich ihnen anzuschließen. Die britische Regierung sah sich jedoch herausgefordert, »das Erbe von Prinzessin Di« nicht zu verraten und stellte sich gegen die US-Regierung, womit ein Vertragswerk zustande kam, das heute von 164 Staaten der Welt unterzeichnet ist. Ein letzter Sieg von Di.

- Ein negativer, unvergessener Kipppunkt ist der 11. September 2001, als Mohammed Atta und seine Mittäter das Ende vom Ende der Geschichte einläuteten.

- Ein möglicher Kipppunkt könnte das Auftreten von Greta Thunberg und der von ihr inspirierten FridaysForFuture Bewegung sein.

Eine andere Möglichkeit: Eine Idee kommt zur rechten Zeit. Unmittelbar nach der Finanzkrise 2008 publizierte Stephan Schulmeister seinen Aufsatz »Eine generelle Finanztransaktionssteuer. Konzept, Begründung, Auswirkungen«. Es brauchte eine Weile, bis verstanden wurde, dass dieses Konzept eine perfekte Antwort auf die unverantwortlichen Praktiken von Finanzindustrie und Computerhandel ist. Dann aber, populär geworden unter dem Namen »Robin Hood Tax«, beschäftigte es EU-Institutionen ebenso wie nationale Regierungen weltweit. Auch wenn es im ersten Anlauf nicht umgesetzt werden konnte, hat sich die Idee festgesetzt und wird bei der nächsten Finanzkrise, die so sicher kommen wird wie das Amen in der Kirche, einen neuen Anlauf nehmen können.

Die genannten Kipppunkte bauen freilich auf Entwicklungen auf, die ihnen vorausgingen und ohne die sie ihre Wirkung nicht hätten entfalten können: etwa die mutigen und unermüdlichen Demonstrationen in Ostdeutschland, denen die Demonstrationen in Polen vorausgingen, oder das jahrzehntelange Engagement von Opfern und Zivilgesellschaften für ein Verbot von Landminen.

Ähnlich in anderen Bereichen: Der Atomunfall in Fukushima alleine hätte nicht zum Verbot der Atomenergie geführt, wenn nicht zuvor schon jahrzehntelang gegen die Atomenergie demonstriert und protestiert worden wäre. Und übrigens: In all diesen Bewegungen spielten Christen und Kirchen eine führende Rolle.

Beschränkung und Delegation

Nun zu den Sachzwängen, denen selbst hochidealistische und -motivierte Personen wider Willen ausgesetzt sein können oder jenen, die Angst davor haben, als inkompetent angesehen zu werden. Die Antwort kann hier nur lauten: Beschränkung und Delegation.

Beschränkung bedeutet, dass sich jeder nur ein Thema für sein Engagement aussucht – sei es, weil er dafür kompetent ist oder zumindest so viel davon versteht, dass er sich eine begründete Meinung bilden kann, weil es ihn interessiert, weil ein Freund da schon tätig ist … –, im Vertrauen darauf, dass andere sich andere Themen aussuchen und dafür engagieren und es so schlussendlich zu einem guten »Mix« kommt. Hier gilt dann immerhin, flapsig gesagt: »Eins ist besser als keins!«

Eine andere Option ist Delegation. Etwa, dass man andere bittet, im eigenen Interesse und Sinne tätig zu werden. Dies können etwa Senioren und Rentner sein, die Zeit für Recherche oder die Teilnahme an Versammlungen haben, es kann die finanzielle Unterstützung von solchen Nichtregierungsorganisationen sein, die eine Wächterrolle wahrnehmen, etwa LobbyControl, Correctiv, oder – jawohl – attac und campact, auch und gerade weil Letzteren aus sehr merkwürdigen Gründen die Gemeinnützigkeit aberkannt wurde, während Rüstungslobbyisten wie die Deutsche Gesellschaft für Wehrtechnik oder der Berliner Golfclub am Wannsee sie behalten dürfen. So können die »Strukturen der Sünde« durch Entscheidungen Einzelner umgewandelt werden und entsprechend kann das Wort von Papst Johannes Paul II. wie folgt umgeschrieben werden: (Es ist) nicht verfehlt, von »Strukturen des Heils« zu sprechen, »die ... in persönlicher Entscheidung ihre Wurzeln haben und daher immer mit konkreten Taten von Personen zusammenhängen, die solche Strukturen herbeiführen, sie verfestigen und es erschweren, sie abzubauen. Und so verstärken und verbreiten sie sich und werden zur Quelle weiterer Entscheidungen, indem sie das Verhalten der Menschen positiv beeinflussen.«

Antworten auf Probleme des zweiten Levels

Wie verhält sich dieser Optimismus zu meiner Eingangsdiagnose, dass nämlich die Entscheidungs- und Handlungsfähigkeit von Gesellschaft und Institutionen zweifach bedroht ist: von oben durch private, betriebliche und kriminelle Großvermögen, von unten durch Nationalisten, Populisten und Prä-faschisten. Wie können wir uns die Kontrolle über die Demokratie und unser Land zurückholen?

Alte Maßstäbe?

Auch hier empfiehlt sich zuerst und zunächst, einen Schritt zurückzutreten und sich gewisse Gegebenheiten und verbindliche Handlungsmaßstäbe für alle in Erinnerung zu rufen, insbesondere die Herrschaft von Verfassung, Recht und Gesetz. Aus Platzgründen möchte ich lediglich etwas zu Grundgesetz und Bayerischer Landesverfassung sagen sowie zu den Anfangszeiten der deutschen C-Parteien: In allen Fällen spielt die christliche Prägung vieler Gründerväter und -mütter eine ebenso wichtige Rolle wie die Ablehnung der vorangegangenen nationalsozialistischen Exzesse. Bereits in den Präambeln wird bei Grundgesetz und Bayerischer Landesverfassung eine religiöse Verankerung durch den Gottesbezug festgelegt. Die Präambel des Grundgesetzes lautet: »Im Bewusstsein seiner Verantwortung vor Gott und den Menschen …« Die Präambel der Bayerischen Verfassung betont »Angesichts des Trümmerfeldes, zu dem eine Staats- und Gesellschaftsordnung ohne Gott, ohne Gewissen und ohne Achtung vor der Würde des Menschen die Überlebenden des zweiten Weltkrieges geführt hat …« Wenig überraschend waren es insbesondere Mitglieder der (späteren) CDU/CSU, die christliches

Gedankengut in die Formulierungen der Verfassungen einbrachten.

Sehr wohl überraschend ist, was genau diese Christen nach dem Horror von Nazi-Terror und Weltkrieg als weitere angemessene Reaktion erachteten: Das früheste Parteiprogramm der CDU, das Ahlener Programm von 1947, welches anerkanntermaßen von Katholischer Soziallehre und Evangelischer Sozialethik geprägt ist, beginnt wie folgt: »Das kapitalistische Wirtschaftssystem ist den staatlichen und sozialen Lebensinteressen des deutschen Volkes nicht gerecht geworden. Nach dem furchtbaren politischen, wirtschaftlichen und sozialen Zusammenbruch als Folge einer verbrecherischen Machtpolitik kann nur eine Neuordnung von Grund auf erfolgen. Inhalt und Ziel dieser sozialen und wirtschaftlichen Neuordnung kann nicht mehr das kapitalistische Gewinn- und Machtstreben, sondern nur das Wohlergehen unseres Volkes sein. Durch eine gemeinwirtschaftliche Ordnung soll das deutsche Volk eine Wirtschafts- und Sozialverfassung erhalten, die dem Recht und der Würde des Menschen entspricht, dem geistigen und materiellen Aufbau unseres Volkes dient und den inneren und äußeren Frieden sichert.«

Ähnlich markant das früheste Programm der CSU, die »Zehn Punkte« aus dem Jahr 1945, daraus die zwei ersten: »Folgende Grundsätze sollen die Leitsterne ihres Handelns sein: 1. Wiederaufbau des Zerstörten mit dem Fleiß unserer Hände und der Kraft unserer Herzen, Brot für die Hungernden, Heime für die Obdachlosen, großzügige Hilfe für die Entwurzelten und die unschuldigen Opfer des Krieges und des Terrors. 2. Verwirklichung christlicher Grundsätze in Erziehung, Wirtschaft und Öffentlichkeit, echte Toleranz und volle Freiheit der christlichen Bekenntnisse ...«

Schaut man auf die heutigen C-Parteien, kann man nur feststellen: Lang ist's her und wenig ist davon übrig. Natürlich ändern sich im Lauf der Geschichte die Umstände. Natürlich kann man deshalb zu dem Schluss kommen, dass einstige Grundwerte und (Selbst-)Verpflichtungen nicht mehr zum Umgang mit aktuellen Realitäten und Sachzwängen taugen. Dann sollte aus meiner Sicht gelten:

1. Christen und Kirchen dürfen sich die Interpretation eines solchen Erbes nicht von inkompetenten Interpreten wie PEGIDA, AfD oder Werteunionen aus der Hand nehmen lassen.

2. Christen und Kirchen sollen an Verpflichtungen, die aus diesen Werten entstehen, erinnern und für eine Respektierung und/oder Wiederbelebung eintreten.

Zum Beispiel: Die in Artikel 106 Grundgesetz stehende Vermögensteuer ist ein wichtiges Mittel, Ungleichheit zu beschneiden, denn, so der ehemalige Verfassungsrichter Ernst-Wolfgang Böckenförde in seinem Sondervotum zum Urteil des Bundesverfassungsgerichtes 1995: »Im Eigentum gerinnt die Ungleichheit der freigesetzten Gesellschaft zur Materie und wird Ausgangspunkt neuer Ungleichheiten. Stellt man dieses unter Sicherung von dessen unbegrenzter Akkumulation sakrosankt, besteht die Gefahr, dass sich die Ungleichheit ungezügelt potenzieren kann und sich darüber die freiheitliche Rechtsordnung selbst aufhebt.«

Dies hätte eigentlich in einem Land mit einer der größten Vermögensungleichheit in der Welt und dem populistischen Protest Abgehängter höchste Relevanz. Warum also reagieren C-Parteien auf den Vorschlag der SPD zu einer Wiederbelebung der Steuer nur mit Ablehnung? Oder: Wenn die CSU trotz Artikel 123 der Bayerischen Verfassung eine gerechtere Erbschaftsteuer hintertreibt und trotz des Mietwahnsinns in bayerischen Städten Artikel 161 der Bayerischen Verfassung (»Steigerungen des Bodenwertes, die ohne besonderen Arbeits- oder Kapitalaufwand des Eigentümers entstehen, sind für die Allgemeinheit nutzbar zu machen«) ignoriert und eine wertabhängige Grundsteuer ablehnt: Was läuft hier schief? Daraus folgt natürlich auch:

3. Wenn eine Mehrheit in Gesellschaft und Parteien der Überzeugung ist, dass Gottesbezug oder christliche Leitwerte keine verbindliche Rolle mehr spielen (sollen), möge man entsprechende Bezüge aus den Verfassungen und Parteinamen ebenso entfernen wie man neue Leitwerte erkennbar und unzweideutig definiert und veröffentlicht. Man kann sich schließlich auch als KSU (Konservativ Soziale Union) oder KDU zur Wahl stellen.

Freilich scheint man in CDU und CSU gegenüber den geschilderten Problemen inzwischen sensibler zu werden, wenngleich konkrete Beschlüsse wie das Klimapaket vom September zeigen, dass man immer noch eher auf die Lobbyisten als auf Demonstranten und Wissenschaft hört. Oder: Die Diskussion um Koalitionen mit bzw. Duldung durch die AfD findet ebenso statt wie lokale Koalitionen mit ebendieser. Und: All dies ist, angesichts des bisherigen Verhaltens bzw. Positionen in anderen Bereichen (Migration/Asyl, Vermögensungleichheit, Schonung der Vermögenden und Großbetriebe bei Steuerprüfungen etc.) noch längst keine ausreichende bzw. stimmige Kurskorrektur. Dabei bestreite ich natürlich nicht, dass sich in den C-Parteien immer noch viele Christen redlich bemühen, ihre Werte unter- und voranzubringen, aber leider ist das außen nicht wirklich erkennbar.

Neue Maßstäbe?

Hat aber die Kirche nicht schon lange jedes Recht verwirkt, irgendwo mahnend den Finger zu heben oder gar anklagend auf jemanden zu zeigen? Auch hier gilt: Zeigt man mit einem Finger auf jemanden, zeigen drei auf einen selbst zurück. Das wurde mir erstmals richtig deutlich, als ich mit Linksautonomen eine evangelische Kirchengemeinde beim Kirchenasyl für eine vielköpfige Palästinenserfamilie unterstützte: »Du magst ja ganz nett sein«, meinten die jungen Leute, »aber glaubst du ernsthaft, dass Jesus beim Abendmahl einen goldenen Kelch hatte?« Noch gravierender ist der Missbrauchsskandal, eine Perversion der zentralen christlichen Liebesbotschaft. In der Tat: Der Reichtum der Kirche, die Intransparenz, die Behandlung von Frauen, die Mängel in wirklicher Gemeinsamkeit von oben und unten, die Missbrauchsskandale, einzeln und in Kombination, treiben selbst die treuesten Anhänger in den Kirchenaustritt, was zu sinkender gesellschaftlicher Bedeutung und Prägekraft der Kirche beiträgt. Dabei beginnt das Problem ja schon viel früher: Irgendwann zur Zeit Konstantin des Großen schon wurde das dienende Gemeindeverständnis von Jesus und der Urchristen durch ein herrschaftsorientiertes institutionelles Kirchenverständnis abgelöst, gegen das Reformbewegungen wie die der Orden anrannten, aber nicht wirklich ankamen. Dieses herrschaftsorientierte Kirchenverständnis führte zu Kreuzzügen, Kolonisierung und Zwangstaufen, dies ist das »christliche Abendland«, welches Nationalisten und Populisten inspiriert. Aktuell erleben wir freilich den Zerfall und die Rückzugsgefechte dieser institutionellen Kirche in ihrer bisherigen Form, und das ist gut so.

Gleichzeitig verdeutlicht gerade die von mir geschilderte Episode mit den Autonomen die sich mir häufig stellende Frage, ob nämlich eine sinkende Mitgliedschaft in Kirchen gleichzusetzen ist mit einer Abnahme von »christlicher Substanz« in der Gesellschaft (abgesehen von dem Unfug, dass in Deutschland nach höchstrichterlicher Rechtsprechung die Zahlung von Kirchensteuern für die Kirchenmitgliedschaft entscheidender ist als die Taufe!). Mir scheint, dass vieles aus der christlichen Tradition und Wertekultur in andere Bereiche diffundiert ist und weiterlebt, etwa in den Bereich der Menschenrechte, der Friedens- oder Umweltbewegung.

Entsprechend gibt es jene, die sich wie etwa der Grünenpolitiker Robert Habeck im Sommer 2019 als »säkulare Christen« bezeichnen: Sie glauben nicht an Gott, gehören keiner Kirche an, befürworten aber die christlichen Werte. Hierüber regte sich wiederum die Junge Union München-Nord auf und kommentiert Habecks Bekenntnis lapidar mit: »Wer nicht an Gott glaubt, ist kein Christ.«

Wirklich? Man lese dazu doch bitte Karl Rahners Ausführungen, nach denen es aus kirchlicher Sicht durchaus ein »anonymes Christentum« geben kann, das »den Nichtchristen als einen noch nicht reflex zu sich gekommenen Christen betrachtet«. »An ihren Früchten werdet ihr sie erkennen«, sagt Jesus (Mt 7,16), und an ihren Früchten werden sie gemessen werden. Das gilt für Robert Habeck ebenso wie für Mitglieder der C-Parteien.

Selbst die Frage nach Werten und dem »guten Leben« hat sich inzwischen säkularisiert: Nach der Weltfinanzkrise 2007/2008 wurde in Großbritannien, Frankreich und Deutschland in hochoffiziellen, von Regierungen und Parlamenten eingesetzten Kommissionen darüber diskutiert, ob man nicht menschliches Glück oder Wohlergehen in das Zentrum wirtschaftlich-gesellschaftlicher Planung und Entwicklung rücken sollte anstelle des bzw. ergänzend zum bisherigen Wohlstandsindikator Bruttosozialprodukt. Der *Better-Life-Index* der OECD oder der Nationale Wohlstandsindex des Umweltbundesamts wären Instrumente dafür.

Umgang mit Extremisten und Feinden der Demokratie

Als die CSU vor der Landtagswahl 2018 das Aufhängen von Kreuzen in Amtsstuben betrieb, war ich Mitinitiator des »Offenen Briefs zu den Kennzeichen Christlicher und Sozialer Politik«. So begrüßenswert Kreuze im öffentlichen Raum sind, so wichtig ist, dass die Kreuzesbotschaft mit entsprechenden Taten »beglaubigt« wird. Diese Initiative brachte mir nicht nur Zuspruch ein, sondern eröffnete auch den Blick in eine Jauchegrube rechten Gedankenguts. Ich bin sehr erschrocken, aber es ist ja nicht so, als ob dieses Gedankengut vor PEGIDA oder AfD, vor den Höckes oder Arppes nicht da gewesen wäre. Bislang war es unsichtbar, jetzt ist es sichtbar, und das ist gut so. Das führte mich zu der Frage, wie man sich als Christ in einer demokratischen Gesellschaft gegenüber deren Feinden verhalten soll, auch und gerade, wenn Alice Weidel die AfD als »einzig christliche Partei, die es noch gibt« bezeichnet oder Matteo Salvini vor tausenden Parteianhängern mit Bibel und Rosenkranz auftritt. Gelten die liberalen Zusagen von Meinungsfreiheit und Toleranz für jene, die genau diese Errungenschaften bekämpfen? Dabei geht es natürlich nicht nur um PEGIDA oder AfD, sondern auch um Salafisten, Islamisten, Linksextreme und alle anderen, die verbale oder tätliche Gewalt gegenüber Andersdenkenden befürworten oder befördern. Ich möchte hier mit zwei Perspektiven antworten.

Zunächst das Beispiel von Jesus: Er stritt öffentlich mit den Pharisäern, ließ sich von ihnen zum Essen einladen und empfing sie sogar spät in der Nacht. Anders war es gegenüber der vermögenden adligen Priesterkaste der Sadduzäer und dem Hofstaat des Herodes. Hier übte er öffentlich Kritik, ging ihnen aber ansonsten aus dem Weg, obwohl auch öffentlich bekannt war, dass etwa Herodes ihn treffen wollte. Hätte also Jesus den Dialog mit diesen haben wollen, er hätte ihn bekommen. Darüber hinaus diskutierte er nicht mit den Händlern im Tempel, er beschimpfte sie und warf sie hochkant hinaus. Dies legt zumindest nahe, dass Jesus klare Grenzen zog, wo es um öffentliche Foren und Diskussionen ging. Es macht meiner Meinung nach deutlich, mit wem er eine Auseinandersetzung als Zeitverschwendung erachtete. Ob Jesus trotzdem Sadduzäern und Herodianern auf einer Ein-zu-eins-Basis begegnete, wissen wir nicht. Es ist aber nicht unwahrscheinlich, da er generell niemanden abwies, der ein persönliches Gespräch mit ihm suchte – selbst Mitglieder der römischen Besatzungsmacht oder deren Helfershelfer, die Zöllner.

Mein zweiter Leitfaden ist eines der besten Bücher, welches es meiner Ansicht nach zum Thema Populismus und (Prä-)Faschismus gibt. Jason Stanley (2018) erklärt anhand vieler Beispiele deren Taktiken und Techniken, wie es ihnen immer wieder gelingt, die Ideale der liberalen Demokratie gegen dieselbe zu richten, entsprechend öffentliche Foren für ihre demokratiefeindlichen Strategien zu instrumentalisieren und dabei Hass, Verachtung und Ausgrenzung zu propagieren. Letztlich geht es deren Vertretern nicht um Argumente und Dialog, sondern um die Verkündung eines Glaubens, der vernünftigen Argumenten nicht mehr zugänglich ist, etwa der Mythos einer verklärten Vergangenheit, die aufgrund starker Führung und klarer Feindbilder goldene Bedingungen für heute Unterdrückte und Vernachlässigte bedeutet. Hier ist – natürlich – auch eine Schnittstelle zu irrational religiösen Zerrbildern wie eben Islamismus oder einem nationalistisch-rassisch geprägten Christentum.

Ergo: Wer auch immer Intoleranz befördert, Gegnerschaft zwischen »denen« und »uns« pflegt, grenzt zuerst aus, bevor wir entsprechend reagieren. Diesen muss man in einer liberalen Demokratie keine öffentliche Bühne bieten, da sie die Grundbedingung dieser Bühne, nämlich den Dialog mit allen auf Augenhöhe, ablehnen und jede Einladung für ihre Zwecke missbrauchen. Ja, die AfD ist eine demokratisch legitimierte Partei und sollte sie – Gnade uns Gott – eines Tages die Mehrheit bekommen, wird sie Anstand, Moral, Recht und Gesetz neu definieren. Aber bis dahin müssen Staat und Gesellschaft ihre Freiheit und ihre zivilisatorischen Errungenschaften verteidigen.

Ein Grund des Niedergangs der Weimarer Republik war, dass zu wenige zu spät gegenüber den Feinden der Demokratie ihre roten Linien zogen.

Man muss aus Fehlern der Vergangenheit lernen. Das bedeutet dreierlei: Jene, die es »denen da oben mal so richtig zeigen wollen«, davon abhalten, es durch Unterstützung der AfD zu tun. Jene, die glauben, man könne berechtigte Anliegen als Mitglied der AfD durchsetzen, dazu bewegen, zunächst einmal das Parteiprogramm in Ruhe zu lesen und dann aus der Partei auszutreten. Und gegen alle jene, die bleiben, bei Bedarf alle Mittel von Staat und Strafrecht zum Einsatz bringen. Wenn es eine gute Konsequenz aus der Ermordung Walter Lübckes und dem Terroranschlag von Halle gäbe, dann die: dass Politik und Behörden dem Extremismus am rechten Rand jetzt endlich ebenso angemessene Aufmerksamkeit widmen wie Linksextremismus und Islamismus.

Stärkung von *Governance*, Demokratie und Partizipation

Aber gibt es denn nicht doch Probleme, bei denen man »den besorgten Bürger« ernst nehmen muss?[6] Ja, sicher. Ganz viele Fragen, die die Bürger beschäftigen, sind gerechtfertigt. Aber: Die Antworten der AfD sind aus dem vorigen Jahrhundert und absolut untauglich in der Welt von heute. Und: wie viel von dem, was uns Sorgen machen sollte, hat

6 Auch zu diesem Abschnitt Alt, ohne Jahr

mit Migranten zu tun? Sinngemäß habe ich einst den Spruch gelesen: »Wenn es Ausländerfeindlichkeit in Gegenden gibt, in denen kaum Ausländer wohnen, so gibt es dort kein Ausländerproblem, sondern ein Bildungsproblem.« Da ist viel Wahres dran, wobei Bildung nicht nur Statistik und Faktenunterricht betrifft, sondern auch die Vermittlung von Begegnung, eine Grundvoraussetzung für die Entwicklung von Empathie und der Erkenntnis, dass Ausländer Menschen wie wir sind.

Als Nächstes gilt es, Probleme und Zusammenhänge in ihrer Komplexität so verständlich darzustellen und zu vermitteln, dass auch Nichtexperten Ursachen und Wirkungen, Mittel und Zwecke in die richtige Reihenfolge bekommen. Etwa hinsichtlich der tatsächlich berechtigten Angst jetzt noch mittelständischer Firmen und Familien vor Jobverlust und sozialem Abstieg. Gerade hier sind weniger »die Ausländer« schuld als Entwicklungen aufgrund der Globalisierung wie Jobauslagerungen oder Jobstreichungen aufgrund fortschreitender Robotisierung und Künstlicher Intelligenz.

Sodann gilt es, Schieflagen in der demokratischen Mitbestimmung so zu beseitigen, dass jeder tatsächlich gleiche Beteiligungschancen und Mitspracherechte hat und es nicht weiter so ist, dass zwar alle Menschen rechtlich gleich sind, einige aber faktisch vermögender sind als andere und deshalb mehr zu sagen haben. Hier hilft vor allem

Transparenz, um Vertrauen in Gesetzgebungs- und Verwaltungsabläufe wiederherzustellen, etwa durch ein angemessen ausgestaltetes Verzeichnis für Parteispenden und Lobbyisten.

Des Weiteren gilt es, abstrakte Einflüsse zurückzudrängen und erneut demokratischer Regulierung zu unterstellen, etwa die Macht »der Märkte«, »des Geldes« oder »des Wettbewerbs«. Märkte, Geld und Wettbewerb sind gut, wenn sie den ihnen angemessenen Platz einnehmen, d. h. demokratischer Gestaltung und staatlicher Regulierung unterworfen sind. Im Hinblick auf den heutzutage weit verbreiteten Steuerwettbewerb meinte selbst der ansonsten sehr liberale Paul Kirchhof: Wettbewerb ist gut »für den Sport, für politische Wahlen und für den wirtschaftlichen Markt, jedoch nicht für Staaten ... Brot ist käuflich, Recht nicht. ... das Bild vom Steuerwettbewerb [verfehlt] die Wirklichkeit autonomer staatlicher Steuergesetzgebung ... ›Wettbewerb‹ führte in die Selbstaufgabe« (Kirchhof, 2011, p. III). In einem vor »Märkten« und »Lobbyisten« geschützten Raum kann auch Demokratie wieder den ihr gebührenden Platz zurückerhalten.

Gelingt eine Wiederherstellung der Balance zwischen Markt, Staat und Demokratie, besteht die Chance, Nicht- und Protestwähler erneut einzubinden, denn dann ist ein Gestaltungsraum zurückgewonnen, in den sich einzubringen wieder lohnend und sinnvoll ist. Und zwar nicht nur bei periodischen Wahlen, sondern in der kontinuierlichen Auseinandersetzung über Gesetzes- und Verwaltungsvorhaben. Hier ist durchaus zu überlegen, ob man demokratische Mitspracheoptionen nicht ausweitet, indem man zum Beispiel neue digitale Techniken und Konzepte aufgreift und ausprobiert. Dabei ist die Setzung allzu großer Hoffnung auf internetbasierte Instrumente verfehlt, wenn die Rahmenbedingungen, etwa, dass eigenes Engagement kaum entscheidungsrelevant ist, unverändert bleiben.

In allem bin ich im Endeffekt ein Anhänger der republikanisch-repräsentativen Demokratie – wohin direkte Volksentscheide führen können, hat der Brexit überdeutlich vor Augen geführt. Angesichts der (wieder) wachsenden Bedeutung von Städten auch im globalen Zusammenhang wäre diese *Governance*-Ebene vielleicht das geeignetste Laboratorium, um neue Formen von Demokratie zu erproben.

Und nochmals zu den Anliegen und Rechten jener, die von den Auswirkungen von Entscheidungen getroffen werden, die in unserem Land, in unserer Weltgegend gefällt werden. Denn dies führt mich zur Rolle der Katholischen Kirche als weltweite Gemeinschaft und Transmitterin von Information und Aktion.

Das Potenzial einer weltweiten Gemeinschaft im Einsatz für »das Wahre und Richtige«

Es gibt 1,3 Milliarden Katholiken in fast allen Ländern der Erde, Christen gibt es ungefähr 2,2 Milliarden. Hätten diese eine geeinte Position zu den heutigen Megakrisen, wäre dies ein Faktor in der weltweiten gesellschaftspolitischen Auseinandersetzung. Nur: »Was ist Wahrheit?« (Joh 18,38) in der Problemanalyse und entsprechend darauf aufbauenden Lösungsvorschlägen in der »Post-truth-Gesellschaft«? In der Tat wäre eher von Kohärenz hin zu überprüfbaren Fakten zu sprechen. Doch gerade beim Klimawandel ist der wissenschaftliche Konsens ziemlich ausgeprägt – hier wäre also ein sehr guter und sehr dringlicher Start, diesen Konsens gegen Populisten, deren *Framing* und »alternative Fakten« auf allen Ebenen zu verteidigen. Wie dringlich der Klimawandel als Handlungspriorität gesehen wird, veranschaulicht das folgende Zitat von Prof. Hans-Joachim Schellnhuber, bis vor Kurzem Präsident des Potsdamer Institut für Klimafolgenforschung: Ich dachte früher immer »es sei unpolitisch, den Einzelnen in die Pflicht zu nehmen. Aber jeder sollte verdammt nochmal tatsächlich etwas beitragen. Wir haben uns alle viel zu lange aus der Verantwortung gestohlen. Ja, wir müssen alle Kohlekraftwerke schließen, ja, Deutschland muss auf 100 Prozent erneuerbare Energie gehen, aber

Sie und ich können von heute auf morgen beschließen, kein Fleisch mehr zu essen und keine Langstreckenflüge mehr zu machen … Man könnte die Situation mit einem leckgeschlagenen Schiff vergleichen. Natürlich gibt es auch neben dieser Havarie Probleme: Das Essen in der dritten Klasse ist miserabel, die Matrosen werden ausgebeutet, die Musikkapelle spielt deutsche Schlager, aber wenn das Schiff untergeht, ist all das irrelevant. Wenn wir den Klimawandel nicht in den Griff bekommen, wenn wir das Schiff nicht über Wasser halten können, brauchen wir über Einkommensverteilung, Rassismus und guten Geschmack nicht mehr nachzudenken« (Schellnhuber, 14. Mai 2018).

Auch wenn das individuelle und gemeinschaftliche Engagement schon weiter oben im Text ein Thema war, muss es gerade in Bezug auf Christen und Kirchen nochmals betont werden, da in dieser Gemeinschaft grenz-, kultur- und gruppenübergreifende Kohärenz an Begründung und Befürwortung einer Umkehr von unseren bisherigen Wegen und das Wissen bezüglich des »guten Lebens« durch Bibel, Kirchenlehrer, Soziallehre, Theologie, Ethik usw. höher ist als in anderen Bereichen. Ebenso ist es innerhalb der weltweiten christlichen Gemeinschaft relativ einfach, Übereinstimmung in ethischen Fragen zu finden, etwa, was die Gleichheit aller Menschen und daraus folgende Behandlungsmaximen betrifft. Dies könnte in der öffentlichen

Auseinandersetzung ein gewichtiges Element bilden. Entsprechend groß ist meine Hoffnung, dass sich die Bekehrung von Einzelnen besonders schnell auf die Ausrichtung und Themensetzung kirchlicher Institutionen und Gemeinschaften auswirkt, und dass die Dichte bekehrter Individuen in kirchlichen Institutionen, auch Forschungs- und Lehreinrichtungen besonders signifikant wächst. Entsprechend erfreulich wäre es beispielsweise, wenn auch Universitäten in kirchlicher Trägerschaft umkehren und ihre Unabhängigkeit möglichst bald nutzen, um sich vom neoliberalen Mainstream zu verabschieden und verstärkt »ökonomischen Heterodoxien« zuzuwenden. Ziel wäre zu schauen, ob diese den Prinzipien und Werten der Katholischen Soziallehre näher stehen und ob von dort her bessere und machbarere Ansätze zur Lösung der globalen Megakrisen entwickelbar sind. Denn: Je überzeugender funktionierende Alternativen sind, desto eher kann man Populisten den Wind aus den Segeln nehmen. Hier haben die Einrichtungen in reichen Ländern eine besondere Verantwortung, da sie ressourcenmäßig deutlich besser aufgestellt sind als jene in armen Ländern, die zudem deutlich abhängiger von ihren Sponsoren sind.

Schließlich sollte jeder Professor und Forscher verpflichtet werden, von Jesus zu lernen, indem er zu all seinen Forschungsergebnissen eine Zusammenfassung in Alltagssprache erstellt und online veröffentlicht, gestützt nicht auf Formeln und Statistiken, sondern Alltagsredewendungen und Bildern, damit jeder Bürger versteht, worum es im Kern geht.

Das Potenzial einer weltweiten Gemeinschaft im Einsatz für Wandel

Oben wurde bereits angesprochen, dass viele kleine Handlungen, sofern sie innerhalb eines einheitlichen Rahmenwerks in eine bestimmte Richtung gelenkt werden, ein System zum Kippen bringen können. Welch Verantwortung für die Katholiken und alle anderen Christen, wenn sie sich länderübergreifend für bestimmte Politiken und Instrumente einsetzen, etwa für eine verbesserte Nutzung der globalen Gemeingüter, die Umsetzung des Pariser Klimaabkommens, eine CO_2-Steuer, den Kampf gegen Steuerparadiese, ungerecht-unökologische Produktions- und Handelspraktiken usw. All das gab und gibt es schon lange, etwa die Rolle christlicher Gruppen beim Verbot von Landminen, Kontakte zwischen salvadorianischen und kanadischen Bischöfen im Fall von Umweltverschmutzung und Ausbeutung durch Bergbaukonzerne, zwischen Indios im Amazonasbecken und Hilfswerken in Deutschland und Österreich. Eine derartige Anwaltschaft müsste freilich viel offensiver, häufiger, koordinierter und auch parteiischer geschehen. Ausgewogenheit ist nicht die Aufgabe des prophetischen Protests, ebenso ist Parteinahme eine Verpflichtung aufgrund der Vorrangigen Option für die Armen. Mir ist nicht bange, dass trotzdem eine ausgewogene Lösung gefunden wird, denn die Vertreter von »Produktionsmitteln« und »Kapital« haben nach wie vor genügend Möglichkeiten, ihre eigenen Interessen zu artikulieren und zu schützen.

Dabei ist mir auch klar, dass nur wenige Kirchenmitglieder meine Meinung teilen, da viele von ihnen eher konservativ sind und sich angesichts des Gesagten unwohl fühlen. Dabei hat ein guter und pragmatischer Konservatismus heute durchaus einen Wert. Während Greta Thunberg nach eigenen Worten Panik erzeugen will, ist diese Geisteshaltung ein schlechter Ratgeber, was Lösungen betrifft und birgt die Gefahr von Aktivismus in sich. Um das eingangs bereits genannte Zitat von Prof. Rödder fortzuführen: »Konservative verteidigen heute nur das Neue von gestern, das sich auch bewährt hat.« Eben zum Beispiel die Katholische Soziallehre. »Sie haben die Vorstellung in ihr Denken eingepreist, dass uns das, was wir heute für richtig halten, morgen als völlig falsch erscheinen kann. Das macht die Menschenfreundlichkeit von Konservatismus aus. ... Konservatives Denken ist per se keines, das den Fortschritt selbst erfindet, sondern das sich zum Wandel verhält. Sie können auch sagen: Konservative helfen, den Fortschritt vernünftig zu machen« (Rödder, 2019). Gerade in einer bedrohlichen Situation wie der aktuellen kann ein solch konservativer Beitrag in den laufenden Auseinandersetzungen sehr konstruktiv sein.

Neben grenzübergreifender Anwaltschaft haben christliche Gemeinschaften jedoch noch andere Handlungsoptionen: Kirchengemeinden, kirchliche Gruppen, Betriebe, Genossenschaften und Verbände genießen große Unabhängigkeit. Sie könnten innerhalb ihrer Verbünde mit Alternativen zur gegenwärtigen Ordnung im Großen und Kleinen experimentieren und – beispielsweise – Vorschläge von Postwachstumsökonomen wie Nico Paech oder Gemeinwohlökonomen wie Christian Felber ausprobieren oder Tausch- und Reparaturringe, *Urban Gardening*, alternative Währungen, vertiefte Kontakte mit Entwicklungsprojekten in armen Ländern usw. aktiv fördern. So kann Neues im Praxistest wachsen: in Nachbarschaften, Betrieben, Gemeinden und Städten, Regionen und Ländern oder gar darüber hinaus. Je mehr hier unterhalb der herrschenden Strukturen von Wirtschaft und Gesellschaft läuft, umso unabhängiger wird man von ihnen, umso mehr schwächt und unterminiert man diese, umso mehr kann man sie in Stellung bringen für den Moment, in dem eine neue Krise Bestehendes erschüttert oder zerstört.

Natürlich muss die Kirche als institutioneller Investor und Arbeitgeber überlegen, wie sie mit ihrem Vermögen umgeht und es zum Wohl einer sozial-ökologischen Transformation einsetzt. Auch hier gilt es, vorhandene Papiere und Beschlüsse in Taten umzusetzen. Der Rückzug von Investitionen aus fossilen Energiefonds ist ein gutes Beispiel; kirchliche Vermögen und Stiftungen können als Aktionäre in Firmen auf deren Investitionen und Geldanlagen Druck ausüben, sozialer Wohnungsbesitz könnte ausgebaut werden. Entscheidend ist hier wie überall das gute eigene Beispiel – und da besteht noch zu viel Intransparenz bei Vermögens- und Geldgeschäften sowie Schieflagen in der Behandlung von Frauen und Arbeitnehmern.

Ein abschließendes Wort zur Bedeutung von Bildung, dieses Mal im Hinblick auf Lehrpläne von Institutionen in kirchlicher Trägerschaft: In Kindergärten, Schulen, Hochschulen und Universitäten wird nicht nur grenzen- und kulturübergreifend, persönlich und digital Wissen ausgetauscht, hier werden zudem die Handelnden von Morgen mit Werten und Methoden der Wissensgewinnung und -anwendung ausgestattet. Hier gilt es, dem auf Wettbewerb, Konkurrenz und Prüfungen aufbauenden gegenwärtigen Ausbildungssystem einen Lehrplan gegenüberzustellen, der jungen Menschen theoretisch und praktisch den Wert der Kooperation nahebringt. Denn: Wenn es einen evolutionären Vorteil des Menschen gegenüber allen anderen Geschöpfen gibt, dann ist dies eben nicht das »survival of the fittest«, sondern die Fähigkeit zur Kooperation (Nowak, 2011) (Harari, 2015).

Genau das ist jetzt gefordert, um das Abkommen über die Nachhaltigen Entwicklungsziele und den Pariser Klimavertrag umzusetzen. Entsprechend wäre es wünschenswert, wenn kirchliche Schulen genau diese Kooperationsfähigkeiten ausbauen und herkömmliche Klassenzimmerbildung stärker mit Praktika außerhalb, etwa bei Unternehmen und NGOs, verbinden wie mit Online-Projektkooperationen mit Schulen in anderen Erdteilen. Dies gilt auch für eine aktive Beteiligung am Klimastreik, weil hier Wissen in Praxis umgesetzt wird. Entsprechende Konzepte für katholische Schulen gibt es, etwa die Montessori-Pädagogik oder der »Marchtaler Plan« der Diözese Rottenburg-Stuttgart.

Themenallianzen und Bündnispartner

Der weltweiten Kooperation und Dominanz von Kapital, Konzernen und Vermögensinhabern gilt es, Koalitionen und Kooperationen quer durch die Gesellschaft – nicht nur von unten – entgegenzustellen und zu stärken: Es sind ja nicht nur linke NGOs, die mit dem Bestehenden unzufrieden sind! Dabei geht es nicht darum, mit welcher Partei man eher zusammenarbeiten kann und welche man meiden muss. Gesellschaftspolitisches, erst recht grenzübergreifendes Engagement definiert Themen und Ziele und schaut dann, mithilfe welcher politischer Parteien oder anderer Akteure diese Themen und Ziele umgesetzt werden können.

Meiner Ansicht nach gibt es heute sowohl im Inhaltlichen als auch im Praktischen keine klaren Grenzen mehr zwischen gut und schlecht, reaktionär und progressiv, oben und unten. Koalitionen und Kooperationen können, je nach Thema und Gegenstand, wechseln.

Gibt es auf diesem Hintergrund ein »Koalitionsverbot«? Ja, dort wo die Würde eines jeden Menschen nicht respektiert wird oder wo tätlichsystemisch Gewalt angewendet und befördert, gar getötet wird. Das können an nachhaltigem Engagement nicht interessierte »Geier-Investmentfonds« ebenso sein wie utilitaristisch kalkulierende Ökonomen, Populisten oder Rassisten.

Neben NGOs, Ehrenamtlichen und politischen Parteien findet man auch in Unternehmen und andernorts in der Wirtschaft potenzielle Bündnispartner. Gerade dort hat man weder Zeit noch Interesse, sich mit Ideologien und Mythen zu beschäftigen. Man will längerfristig Produkte und Dienstleistungen verkaufen, weshalb man eine realistische Sicht auf die Dinge haben muss. So war etwa die Münchner Rückversicherung unter denen, die als erste Großversicherung laut und vernehmlich vor den Gefahren des Klimawandels gewarnt haben, weil sie deren Auswirkungen über die wachsenden Schadensfälle mitbekamen.

Ähnliches gilt für Bündnisse auf der persönlichen Ebene: Ich kenne Superreiche (Unternehmer, keine Finanzinvestoren), die einen einfachen Lebensstil pflegen, ihre Familie, Firma und Beschäftigten lieben und unter den gegenwärtigen Zuständen des Finanzkapitalismus leiden. Selbst sie zweifeln, trotz ihres Einflusses etwas gegen »die Märkte« ausrichten zu können. Sie müssen dazu ermutigt werden, dass jeder einen Unterschied machen kann. Gelingt dies, kommt eine weise Einsicht meiner ehemaligen Mitstreiterin Cornelia Bührle zum Tragen: »Man muss nur die einhundert einflussreichsten Leute in einem Land von etwas überzeugen, um Dinge möglich zu machen.« Nichts ist unwiderstehlicher als eine Idee, deren Zeit gekommen ist? Ja, aber ähnlich unwiderstehlich wäre ein Bündnis von Menschen guten Willens an den richtigen Schaltstellen!

Wie schnell und unvorhersehbar Neues aufbrechen und Dinge in Bewegung kommen, belegt Rezos Video »Die Zerstörung der CDU«, das CDU/CSU und SPD in der Europawahl 2019 mit Sicherheit einige Stimmen gekostet hat. Auch hier die Frage: Sind wir flexibel genug, offen genug, die Zeichen der Zeit zu lesen und offene Türen zu erkennen? Wie können wir die bislang miteinander unbekannt-unvertrauten Kräfte bündeln, um Ziele zu erreichen?

Antworten auf Probleme des ersten Levels

Meine Ausführungen zu *Governance* und die Bedrohung durch Populisten implizieren, dass es weltweit unterschiedliche Chancen gibt, individuell, gesellschaftspolitisch und institutionell tatsächlich Wirksam-Wegweisendes zu Finanz- und *Offshore*-Kapitalismus, Ressourcenübernutzung und der besonnenen Nutzung technischer Innovation in die Wege zu leiten. Wenig erstaunlich ist also, dass populistische Regierungen am Pariser Klimaabkommen rütteln. Entsprechend hätte ich nicht gedacht, dass ich mich über die Wahl von Donald Trump oder den Brexit einmal freuen würde.[7] Aber das ist inzwischen der Fall, denn dadurch wurden Fronten geklärt: Die USA und Großbritannien haben mehr miteinander gemeinsam, als Großbritannien mit der EU verbindet. Was in den USA der militärisch-industriell-finanzielle Komplex ist, ist in Großbritannien die City of London und der Finanzdistrikt: Dort wird jeweils entschieden, was die Regierung zu tun oder zu lassen hat. Entsprechend sind viele Anläufe der EU zur Regulierung und Reformierung des Finanzsektors bisher am Veto Großbritanniens gescheitert.

7 Zusätzlich zu Vorstehendem Alt, 2018c, Alt, 2018d und Alt, 2018g.

Ähnlich besteht im Hinblick auf China wenig Hoffnung für das globale Gemeinwohl. Es ist eine aufstrebende Weltmacht, deren Staatskapitalismus nach der Vorherrschaft gegenüber den USA greift und dabei die Rechte seiner Bürgerinnen und Bürger ebenso wenig respektiert wie die Menschen und Staaten in all jenen Weltgegenden, in denen China Vorteile für seine eigenen strategischen und wirtschaftlichen Interessen sieht.

Aus diesem Grund ist naheliegend, sich auf das dritte globale Machtzentrum zu konzentrieren, wo es trotz deprimierender Tendenzen immer noch am besten um die Demokratie bestellt ist: Die Europäische Union.

Meine Vision für Europa

Meine Vision für Europa ist keine Utopie. Sie orientiert sich gerade angesichts der realen Defizite an real Verbesserbarem. Entsprechend soll die Vision motivieren und mobilisieren, Kräfte bündeln und lenken, ohne die Freiheit des Einzelnen einzuschränken. Eine beliebte Motivationsübung ist, sich vorzustellen, wo man selbst oder die eigene Firma in x Jahren stehen wird. Eine solche Übung kann man auch für politische Systeme durchführen:

Nach Überwindung der Schockstarre durch die Wahl Donald Trumps und des Brexits ergriffen die EU-Mitgliedsstaaten beherzt ihre Chance: Sie bekräftigten die humanistisch-christliche Grundinspiration Europas und begriffen zugleich, dass soziale und ökologische Probleme in der heutigen Form des Kapitalismus ihre Wurzel haben. Europa verpflichtete sich, das Wohl der vielen über die Profite der wenigen zu stellen und seinen Produktions- und Konsumstil sozial gerecht und ökologisch nachhaltig umzubauen. Da die Kosten des ehrgeizigen Transformationsprogramms alle Produzenten und Konsumenten im Inneren ohne Ausnahmen gleich und gemäß dem Prinzip der Leistungsfähigkeit trafen, waren die Maßnahmen wettbewerbsneutral und marktkonform. Zugleich schützte sich Europa mit Grenzausgleichssteuern gegen Billigkonkurrenz von außerhalb sowie durch Kapitalverkehrskontrollen und eine Wegzugsbesteuerung vor der Verlagerung von Vermögen.

Die EU löste sich aus dem weltweiten Finanz- und *Offshore*-Kapitalismus durch den Aufbau eines eigenen Zahlungsverkehrssystems, reformierte ihr Finanz- und Bankensystem folgend der Lehren aus der Finanzkrise 2007/2008. So wurde es von weiteren Finanzkrisen unabhängiger und erweiterte seine politischen Handlungsspielräume. Es legte

Steuerparadiese im Inneren still und sanktionierte Kontakte mit Steuerparadiesen außerhalb. Die Geldpolitik wurde wieder an das reale Wachstum von Gütern und Dienstleistungen gekoppelt, ebenso an die Knappheit natürlicher Ressourcen.

Das *Governance*-System wurde demokratischer, der Europäische Rat durch einen Rat der Städte und Regionen ersetzt, in dem niemand mehr ein Vetorecht hatte. Dadurch wurde Separatismusbestrebungen von Katalonien bis Südtirol Rechnung getragen, es endete die Lobbykratie der Eliten, und das Wohl aller Menschen war wieder das gestaltende Maß der Dinge.

Eine Harmonisierung von Sozialsystemen und Verteidigung sorgte für Sicherheit und Stabilität nach innen und außen, harmonisierte Steuersysteme konnten nach dem Prinzip der Leistungsfähigkeit angemessene Einkommenssteuern für Superreiche und Konzerne sowie Vermögens- und Erbschaftssteuern durchsetzen, innerhalb der EU wurde Kerosin besteuert und eine CO_2-Steuer eingeführt. Das so gesammelte Geld wurde u. a. für Entlastung unterer Einkommen bei der ökologischen Wende, Verbesserungen in Infrastruktur, öffentlichen Dienstleistungen und öffentlichen Gütern wie Nahrung, Wohnen, Gesundheit, Sicherheit und Bildung ausgegeben. Durch kräftige öffentliche Investitionen in *non-profit* Grundlagenforschung gelang der EU wieder der Anschluss an USA und China, etwa im Bereich IT, digitaler Industrieorganisation und Künstlicher Intelligenz - wobei gerade hier individuelle Würde, Freiheit und Privatsphäre stets über dem verwertungsorientierten Ausspähen persönlicher und personenbezogener Daten stand.

Neue Steuern auf Maschinen, digitale Produkte und digitalen Umsatz glichen Einnahmeverluste durch den Wandel bei und Reduktion von menschlicher Arbeit aus und federte mit einem Garantieeinkommen die Härten unvermeidlicher Umbrüche durch die Industrie 4.0 ab. Vorhandene bezahlte Arbeit wurde neu verteilt, der Niedriglohnsektor verschwand durch bessere Vergütung. Darüber hinaus erfolgte eine längst fällige Honorierung der Vielfalt menschlicher Arbeit, etwa in häuslicher Pflege oder Ehrenamt und ein »bedingungsloses Grundkapital« verhalf allen Jugendlichen zu einem vergleichbaren Start in das Berufsleben. Zugleich schwächte die Förderung alternativer Betriebsmodelle, alternativer Zahlungsmittel und veränderter Konsummuster das existierende Wirtschaftsmodell stetig.

Dieser Umbau wurde zum 100. Jahrestag der Verträge von Rom im Jahr 2057 feierlich besiegelt. Die Wiedererrichtung von Grenzen wurde vermieden, verstärkte Investitionen in Bildung, Austausch und

Begegnung schufen Identitäten, die selbstbewusst mit Fremdheit umgehen können.

Europa blühte und gedieh, die Auswüchse der bisherigen Globalisierung wie Globale Wertschöpfungsketten oder um den Globus reichende *Just-in-Time* Produktions- und Transportketten wurden in die Region zurückgeholt. Wirtschaftsbeziehungen nach außerhalb setzten sich fort, denn auch jene Konzerne und Staaten, die Europas Kurs ablehnten, wollten den Zugang zum weltgrößten Wirtschaftsraum nicht verlieren.

Die europäischen Reformprozesse wurden durch weltweite Bündnisse zur Umsetzung der Verträge für Nachhaltige Entwicklungsziele und dem Pariser Klimaabkommen auf der substaatlichen Ebene ergänzt, vor allem mit Kommunen und Regionen, die sich entgegen dem Willen ihrer populistischen Staatschefs weiterhin den Verträgen verpflichtet fühlten. Dabei vertieften sich insbesondere die Beziehungen zum Nachbarkontinent Afrika, mit dem Europa historisch und geografisch verbunden ist.

So gewann eine globale Reformwelle an Schwung, die es ohne die Vorreiterrolle Europas nicht gegeben hätte, und so festigten sich globale Gerechtigkeit und Nachhaltigkeit spät, aber nicht zu spät.

Ähnlich wie bei der Gründung der alten Bundesrepublik stand hinter dem Gedanken der europäischen Integration die Erfahrung von kriegerischen Auseinandersetzungen und die Absicht, die besten Elemente der jüdisch-christlich-humanistischen Traditionen als Ausgangspunkt der neuen Ordnung zu nehmen. Zwar ist bei den Europäischen Grundlagenverträgen kein ausdrücklicher Gottesbezug gegeben, wohl aber darf nicht vergessen werden, dass wie beim Grundgesetz zentrale Initiatoren des Europäischen Projekts überzeugte Christen waren, die aus der Kraft ihrer religiösen Überzeugung auf dieses Projekt hingearbeitet haben: Charles de Gaulle, Konrad Adenauer, Robert Schuman, Alcide de Gasperi und viele andere. Entsprechend sind auch in die Europäischen Verträge Elemente der Katholischen Soziallehre eingegangen, z. B. das Bekenntnis zur Menschenwürde oder den Prinzipien Solidarität und Subsidiarität, wenngleich deren Bedeutung für praktische Entscheidungen zunehmend zurückgedrängt wurde und gerade Aspekte der sozialen Gerechtigkeit bis heute eher deklaratorisch-programmatisch im Raum stehen, als dass sie reale Gestaltungskraft hätten: Aktuell stirbt das christliche Europa an seiner Freihandels-, Waffenexport- und Subventionspolitik sowie mit jedem Flüchtling in den Krisengebieten Afrikas, dem Mittelmeer und Nahen Osten, dessen Tod die Europäische Union schweigend, zaudernd oder billigend in Kauf nimmt.

Wie bei Grundgesetz und Bayerischer Landesverfassung dargelegt, stünde es auch hier Christen und Kirchen gut an, wenn sie, wie Papst Franziskus in seinen großen europäischen Reden in Aachen, Rom und Straßburg, auf den christlichen Anteil im Erbe Europas hinweisen, seine Bedeutung verteidigen und sich gegen jegliche Vereinnahmung durch krude Konzepte eines »christlichen Abendlandes« wehren würden. Darüber hinaus gilt es, in Osteuropa, wo die Katholische Kirche (noch) Gewicht und Bedeutung hat, die Katholische Soziallehre bekannter zu machen und um Zustimmung zu ihrem gesellschaftsprägenden Potenzial zu werben. Des Weiteren gilt es dafür zu werben, dass eine demokratisch reformierte EU, vor allem ein Oberhaus aus Städten und Regionen, Spannungen aus dem aktuell konfrontativen Gegeneinander von »alten« und »neuen« Mitgliedsstaaten herausnimmt.

Beispiel: Steuern mit Steuern

Ich bin der Auffassung, dass Steuern, dieses wenig geliebte Instrument, viel Potenzial für das Umsteuern hin zu einer sozial gerechteren und ökologisch nachhaltigeren Ordnung hat, denn: Was ist *Governance*? Definierende Elemente sind etwa (1) das Setzen und Durchsetzen von Gesetzen und Regeln für das gesellschaftliche Zusammenleben, (2) die Verringerung von Ungleichheit durch Umverteilung, (3) die Bereitstellung von öffentlichen Gütern und Dienstleistungen sowie (4) Verwendung von Steuern und Steuergeldern für politische Lenkungszwecke. All dies hat mit Steuern und darauf bezogenen Institutionen zu tun, entsprechend spielen Steuern auch in meiner Vision für Europa eine große Rolle.[8] Dieses Potenzial wird auch durch historische Fakten bestätigt: Wie Piketty in seinem neuesten Monumentalwerk »Kapital und Ideologie« zeigt – und die »alte Bundesrepublik« belegt – ist Besteuerung ein zentrales Element für die Sicherung von Gleichheit und effektiver Partizipation aller.

Über Steuern könnte somit auch der Einstieg in eine verstärkte Demokratisierung, Integration und Kooperation unter den EU-Mitgliedsstaaten gelingen: Verschiedene Stellen, EU-Institutionen eingeschlossen, gehen davon aus, dass den EU-Mitgliedsstaaten 1 Billion Euro an Steuern und Abgaben jährlich (!) verlorengehen, etwa, weil rechtliche Schlupflöcher zwischen den Mitgliedsstaaten ausgenützt werden, Prüf- und Vollstreckungskapazitäten unzureichend sind und grenzübergreifende Kooperation mühsam ist. Diese Zahl ist mit Vorsicht zu genießen, da sie auch Verluste aus der Schattenwirt-

8 Zusätzlich zu Vorstehendem Alt, 2018f.

schaft beinhaltet, aber sie könnte doch realistisch sein, wenn man neben der Behebung von Defiziten (wie etwa die ca. 150 Milliarden Euro jährlichen Verluste aus nichteingenommenen Mehrwertsteuern oder den 50 bis 70 Milliarden aus aggressiver Steuervermeidung) neue Steuerquellen erschließt (auf Ressourcenübernutzung/Umweltverschmutzung, Finanztransaktionen, Maschinen oder digitale Dienstleistungen) oder eine angemessene Besteuerung hoher Einkommen und Vermögen beschließt. Dazu gehören im Übrigen nicht nur Vermögens-, Erbschafts- und Schenkungssteuern. Warum nicht für Europa auch eine Vermögensabgabe beschließen, wie sie in Deutschland einst zur Finanzierung des Aufbaus der Nachkriegs-Bundesrepublik und der Integrierung aller Flüchtlinge und Vertriebenen beschlossen wurde? Sind die aktuellen Herausforderungen der sozial-ökologischen Transformation nicht ähnlich gigantisch?

Natürlich müsste bei einer Harmonisierung des Steuerrechts und des Steuervollzugs jeder Staat auf etwas verzichten. Würden aber die zu erwartenden Mehreinnahmen entsprechend der Bevölkerungszahlen auf die Staaten verteilt, so steht jeder besser da, als dies heute der Fall ist.

Transparenz und demokratische Kontrolle vorausgesetzt – was könnte man mit diesem Geld alles anfangen! Innerhalb Europas etwa, um eine zukunftsorientierte, sozial- und ressourcenverträgliche Wende hin zur digitalisierten Industrie einzuleiten. Hier gibt es, insbesondere seit der Weiterentwicklung des 3-D-Druckers, unglaublich vieles, was überlegens- und fördernswert wäre. Aber: privates Kapital investiert in der Regel erst, wenn man damit Geschäfte machen kann. Bis dahin sind jedoch oft Grundlagenarbeit und die Schaffung von Infrastruktur erforderlich, die öffentlich finanziert werden müssen, um so entsprechende Anreize, Serienreife, Angebote und Preise zu schaffen, die dann selbsttragende Investitionen und Nachfrage generieren (Mazzucato, 2018). Solche öffentliche Anschubinvestitionen würden nicht nur die digitale Wende und die damit verbundenen Revolutionen in der menschlichen Arbeit zeitig und klug gestalten, es könnte auch vieles entwickelt werden, was dann zum Exportschlager wird.

Ernstzunehmende Reformen im Bereich der Steuerkooperation hätten sodann positive Auswirkungen auf arme Länder dieser Erde: Ein Ende der innereuropäischen *Offshore*-Praktiken würde der EU Glaubwürdigkeit beim Versuch verleihen, auch weltweit gegen Steuerparadiese vorzugehen und diese ebenso wie innereuropäisch angesiedelte Dienstleister bei Fortsetzung ihres Geschäftsmodells mit Sanktionen und Strafen zu überziehen. Ein anderes Beispiel: Der weltweit wichtigste und von 11.000 Banken genutzte Anbieter von Finanzdienstleistungen, SWIFT, sitzt in Belgien und unterliegt EU-Recht. Da hier auf Wunsch der US-Regierung bereits Daten zur Terrorbekämpfung er- und übermittelt werden, könnte dies auf anderweitig verdächtige Finanzpraktiken ausgeweitet werden, etwa Geldwäsche. Dies würde helfen, Tarnfirmen von korrupten Politikern oder Verbrechenssyndikaten zu enttarnen und unerlaubte (*illicit*) oder illegale Finanzströme zurückzudrängen – insbesondere, wenn es durch staatliche und/oder öffentliche Register zur Eigentümerschaft von Grund- und Immobilieneigentum, Betriebsbeteiligungen und Finanzvermögen ergänzt wird (Piketty, 2020).

Die Einnahmesituation armer Länder könnte sodann weiter verbessert werden, wenn Verpflichtungen zu finanzieller Transparenz und *Corporate Social Accountability* (öffentliche Konzern-Rechenschaftspflicht) Teil von Handelsverträgen zwischen der EU und Drittländern werden, wenn rechtliche Unterschiede zwischen Staaten, die für »Steuergestaltung« ausgenutzt werden, auch international beseitigt und Kooperationsmöglichkeiten zwischen Steuer- und Finanzermittlungseinheiten verbessert werden.

Durch eine europäische Steuern- und Abgabenpolitik, die sich an Prinzipien sozialer Gerechtigkeit und ökologischer Nachhaltigkeit orientiert, kämen schließlich Gelder zusammen, die nach dem Prinzip der gemeinsamen aber unterschiedlichen Verantwortung armen Ländern für die Umsetzung der

Nachhaltigen Entwicklungsziele sowie des Pariser Klimaabkommens zur Verfügung gestellt werden können. Würde Europa Afrika helfen, das fossile Zeitalter zu überspringen und gleich den regenerativen Energiesektor in Angriff zu nehmen, wäre mehr für das Weltklima erreicht, als wenn innerhalb der EU noch mehr Solarzellen subventioniert werden.

Natürlich ist das alles hochkomplex und es gibt viele schwierige rechtliche und verfahrensmäßige Probleme zu lösen. Meine Erfahrung ist aber, dass dort, wo ein politischer Wille ist, auch sehr schnell Lösungen gefunden werden. Warum also nicht den Vertrags- und Budgetvorschlag bekannt machen und unterstützen, den eine Gruppe um Thomas Piketty entwickelt hat: Er setzt auf höhere Steuern für private und betriebliche Großeinkommen und -vermögen sowie Umweltsteuern und beinhaltet Vorschläge für eine Demokratisierung der EU ebenso wie für eine sozial gerechtere und ökologisch nachhaltigere Ausgabenpolitik (siehe www.tdem.eu). Wie bei den Bemühungen um eine Finanztransaktionssteuer vorgemacht, setzt auch dieser Vorschlag darauf, dass einige Mitgliedsstaaten im Rahmen einer Verstärkten Zusammenarbeit vorangehen, eine *coalition of the willing* bilden und dadurch Standards setzen, denen andere Staaten sich später anschießen können.

Last not least: Vorstehend war oft die Rede von der Macht »der Märkte« und »dem Kapital« über demokratische Entscheidungsprozesse, da die Geschwindigkeit von deren Bewegungen solide Entscheidungsfindung unter Druck setzt. Eine saftige Finanztransaktionssteuer könnte, in Verbindung mit Kapitalverkehrssteuern, Zinsschranken, Wegzugsbesteuerung und dem Verbot bestimmter Produkte (z. B. Leerverkäufe) und Praktiken (z.B. computeralgorithmusgesteuerte Kapitalbewegungen) schnelle und schwer steuerbare Überreaktionen auf den Kapitalmärkten ausbremsen. So könnten die Finanzmärkte nicht nur wieder an die Märkte für reale Güterproduktion und Dienstleistungen herangeführt werden, man gewänne ihnen gegenüber auch wieder mehr Zeit und Kontrolle für vernünftige und gründliche Diskussionen.

Meine Vision für Christen und die Katholische Kirche

»Bei euch soll es nicht so sein!« (Mt 10,43). Jesus stand ganz klar für praktische Alternativen zu herrschenden Strukturen. Finanzströme, Klimawandel, Informations- und Technologievernetzung usw. lassen zunehmend Menschen zu der Erkenntnis gelangen, dass wir weltweit in einem Boot sitzen. Viele engagieren sich entsprechend konstruktiv. Aber selbst jene übersehen oft: Die Einheit der Biosphäre, die Einheit alles Lebendigen bedeutet nicht nur, dass mein Handeln auf die Zukunft des süßen Eisbären oder der Babyschildkröte Einfluss hat, sondern auch auf Menschen. Man kann den Regenwald nicht retten und zugleich die Rechte dort lebender Ureinwohner ignorieren. Man kann nicht die Ausbreitung der Wüste bekämpfen, ohne zugleich eine angemessene und würdige Antwort auf Fluchtbewegungen zu haben. Es ist Aufgabe der Christen, genau diesen, von Nationalisten und Populisten ignorierten oder mit Hass gefüllten Bereich positiv zu besetzen: Im Sinne Jesu Christi sind wir alle Schwestern und Brüder einer einzigen Menschenfamilie und so sollte es uns um die

Rettung des gemeinsamen Hauses und all seiner Bewohner gehen.

Was genau ist auf diesem Hintergrund meine positive Vision für Christen und Katholische Kirche, die schließlich meine Heimat ist? Denn natürlich glaube ich, dass der Heilige Geist in unserer Welt weiter am Werk ist. Ob aber der Erhalt der Kirche in ihrer jetzigen Form zu den Projekten gehört, die für den Heiligen Geist vorrangig sind, wage ich zu bezweifeln. Die Reaktion der Institution auf vergangene und gegenwärtige Krisen hat eine Gruppe nach der anderen vertrieben: die Arbeiter, die Intellektuellen, die Jugend und jetzt die Frauen. Entsprechend bescheiden, demütig und dankbar sollten Kirche und Amtsträger – also auch ich – gegenüber allen sein, für die Christsein auch heute noch Engagement für die und mit der Institution bedeutet. Auf diesem Hintergrund ist meine Vision die folgende:

> Die Katholische Kirche ist weltweit der größte und älteste Global Player. Sie hat durch die Jahrhunderte Erfahrungen im Umgang mit Werten, Kulturen und Konflikten gesammelt und empfiehlt sich deshalb als globaler Brückenbauer, Vermittler, Transformator und Motor von Veränderungen hin zu einer sozial gerechten und ökologisch nachhaltigen Alternative zur aktuellen Ordnung von Wirtschaft und Gesellschaft. Die größte Chance für die Ka-

tholische Kirche ist dabei ihre weltweite Einheit, das größte Hemmnis ihre aktuelle Konzentration auf interne Probleme, die größte Gefahr, dass vorschnelle Lösungen für die internen Probleme die weltweite Einheit gefährden, weil regionale Kirchen, die bestimmte Schritte nicht mittragen wollen, sich dann abspalten würden.

Dennoch ist der Boden bereitet, weltweit oder regional offen und öffentlich über folgende Reformen zu diskutieren:

- Aufarbeitung von sexuellem und anderem Missbrauch durch Übergabe der Fälle an die Staatsanwaltschaften.

- Volle Transparenz bezüglich der Kirchenfinanzen, auch der Sondervermögen, Stiftungen und Bischöflichen Stühle und der Verwendung dieses Vermögens.

- Verringern der Grenzen zwischen Männern und Frauen, Klerikern und Laien: Predigen aufgrund Qualifikation und nicht Amt, Freistellung des Zölibats für Weltpriester, die Weihe von verheirateten Männern zu Priestern und von Frauen zu Diakoninnen.

- Letzteres wiederum eröffnet den Weg, Frauen in den Stand der Kardinaldiakoninnen zu erheben, zumal die Weihe erst seit 1917 Voraussetzung ist, daneben aber auch »Glaube, Sitte, Frömmigkeit sowie Klugheit in Verwaltungsangelegenheiten« (Codex Iuris Canonici Nr. 351) Auswahlkriterien sind.

Zugleich werden Themen, die ein besonders hohes Potenzial für Spaltungen haben – und hier teile ich einige Bedenken Roms gegen Synodale Sonderwege – zunächst einmal zurückgestellt, wenngleich an ihrer Klärung transparent weitergearbeitet wird: ein Weiheamt für Frauen jenseits des Diakonats, gleichgeschlechtliche Ehe sowie ein Adoptionsrecht für solche Paare.

Die These dieses Buches, dass Probleme erkannt sind, Lösungen aber aufgrund von Mängeln in der *governance* nicht vorangetrieben werden können, gilt nicht nur für Staaten und Demokratien – sie gilt auch für die Kirche von heute, wenn sie sich weiter an Traditionen von gestern klammert.

Fortschritt in Vorstehendem setzt Kräfte frei, mit denen sich Kirche und Christen wieder verstärkt den großen Problemen dieser Zeit zuwenden können. Sie stellen sich die Frage nach dem »guten Leben« und leben die gefundene Antwort in Heiterkeit und Zufriedenheit. Darüber hinaus bietet die Kirche in der Vielfalt ihrer Institutionen, Vereine, Betriebe und Verbände den Raum zum Ausprobieren praktisch umsetzbarer Alternativen zur aktuellen Organisation von Wirtschaft und Gesellschaft im kleinen und großen Maßstab. In alledem bekennen sich Christen und Kirchen unmissverständlich zu Person, Wort und Beispiel Jesu und den Weisungen der Heiligen Schrift. Die Wahrung von Besitz und Privilegien verliert an Bedeutung; ihnen ist egal, ob es weiterhin Kirchensteuern oder Staatsleistungen gibt, sie verwirklichen die Option für die Armen.

Sie beten wieder auf eine Weise, die der Lebenswirklichkeit heutiger Menschen näher ist als dem Missale Romanum des Mittelalters und sie lassen »Glaubenskrieger«, die nationalistische, rassistische und sexistische Positionen für vereinbar mit den Werten der jüdisch-christlichen Tradition halten, rechts liegen.

Zur Umsetzung des Vorstehenden suchen Christen die Zusammenarbeit mit Mitgliedern anderer Glaubensgemeinschaften sowie mit allen Menschen guten Willens.

Was würde Jesus sagen, wenn er unseren Streit um das Abendmahls-/Eucharistieverständnis, die Weihe verheirateter Männer und Frauen etc. kommentieren müsste, während anderswo Menschen sterben? Was würden unsere Schwestern und Brüder in anderen Ländern sagen, wenn sie mitbekämen, wieviel Ressourcen wir auf diese Fragen verwenden, während sie leiden? Ich kann mir beim besten Willen nicht vorstellen, dass ein glaubensgeleitetes Engagement mit unseren Schwestern und Brüdern weltweit zur Lösung großer Menschheitsprobleme unsere christliche Identität gefährden würde! Es ist noch nicht zu spät, wenn Kirchenleitungen und Theologen aller Kirchen, die auf der Basis von Bibel und apostolischem Glaubensbekenntnis stehen, anerkennen, dass vieles seit der Konstantinischen Wende ein Irrweg war. »Wenn schon die Schrift nicht irren kann, so können doch einige ihrer Erklärer und Deuter in verschiedener Form irren«, so zitierte Papst Johannes Paul II. Galileo Galilei bei dessen Rehabilitation 1992. Wir sollten zurückkehren zum Brückenschlag zwischen den Heiligen Schriften und der Lebensrealität und Anliegen heute lebender Menschen, insbesondere der Armen und Ausgeschlossenen – wie es etwa der »Katakombenpakt«, der Verpflichtung, auf Seiten der Armen zu stehen und sein Leben an ihnen zu orientieren, tut, der während der Amazonassynode von über 40 Bischöfen erneuert wurde.

Die Zielvorgaben des Zweiten Vatikanischen Konzils gelten unverändert und müssen eingelöst werden, denn »Christus ist das Licht der Völker«. Dies muss immer neu erklärt werden. »Die gegenwärtigen Zeitverhältnisse geben dieser Aufgabe der Kirche eine besondere Dringlichkeit, dass nämlich alle Menschen, die heute durch vielfältige soziale, technische und kulturelle Bande enger miteinander verbunden sind, auch die volle Einheit in Christus erlangen« (LG Nr. 1). Damit dies gelingt, müssen »Freude und Hoffnung, Trauer und Angst der Menschen von heute, besonders der Armen und Bedrängten aller Art, (auch) Freude und Hoffnung, Trauer und Angst der Jünger Christi« sein (GS Nr. 1). Gelingt dieses Aggiornamento zwischen Jesus und der Welt von heute, kann von dort aus die Tradition neu bewertet und gewichtet werden, dann werden viele Durchbrüche möglich sein.

Oder das Volk Gottes entscheidet sich, traditionsbedingte Probleme den Dogmatikern, Historikern, Experten und Juristen zu überlassen und stattdessen mit allen Menschen guten Willens den konziliaren Prozess für Gerechtigkeit, Frieden und die Bewahrung der Schöpfung sowie für Europa den Kairos-Prozess zu beleben und sich dort den Überlebensfragen der Menschheit zu widmen (Dietschy).

Und wer weiß: Vielleicht kann dieser Prozess eine umfassende Einheit hervorbringen, die jene einer Institution übertrifft?

Die Kirche als Institution sollte sich angesichts der alarmierend sinkenden Mitgliederzahlen sehr ernsthaft fragen, ob sie eher auf Maria 2.0 und die Initiative »Kirche von Unten« oder das »Forum Deutscher Katholiken« zugeht, wo eine Schnittmenge zu AfD oder Werteunion besteht. Ich bin zuversichtlich: Gemeinschaften von Glaubenden, die die Botschaft von Jesus Christus in der Welt von heute in seinem Geist umsetzen möchten, wird es immer geben. Und es gibt diese Biotope »freier

Kirchen«, wo Christentum geschwisterlich und ungeachtet konfessioneller Zugehörigkeit gelebt wird und von den Diskussionen der »verfassten Kirchen« abdriftet, in wachsender Zahl. Wer dann mehr im Sinne Jesu lebt und handelt, überlasse ich gelassen seinem Urteil, wenn wir einst vor seinen Richterstuhl treten.

Sachliches Schlusswort

Vorstehendes fasst meine Überlegungen der letzten Monate zusammen, d. h. warum ich der Meinung bin, dass ungeachtet aller Notwendigkeit drängender tagespolitischer Einzelfragen der Blick auf das Große und Ganze wichtig ist, damit man den Wald vor lauter Bäumen nicht aus dem Blick verliert. Es macht einen Unterschied, ob wir unsere Kräfte weiter auf Reformen des aktuellen Wirtschafts- und Gesellschaftssystems verwenden oder ob wir uns eher mit Alternativen dazu beschäftigen, um weiteren Crashs und größeren Katastrophen vorzubeugen.

Margret Thatcher hatte Unrecht, wenn sie sagte: »There is no alternative« zum jetzigen ökonomischen und sozialen System. Vielmehr gilt: »There are many alternatives!« Was davon möglich oder sinnvoll ist, bedarf natürlich gründlicher Prüfungen. Bei alledem und für all das bin ich kein Experte. Ich möchte aber dazu beitragen, dass die richtigen Fragen gestellt und von den richtigen Experten bearbeitet und beantwortet werden.

Wir beschäftigen uns aktuell mit viel zu viel Kleinkram, der uns teilweise von Leuten aufgezwungen wird, die die großen Probleme unserer Zeit nicht verstehen können, nicht verstehen oder eine angemessene Behandlung verhindern wollen. Und diese großen Probleme, um die es geht, können wir als Deutsche allein nicht lösen. Um Schlimmeres verhindern zu können, brauchen wir mindestens ein reformiertes und einiges Europa, und diese Vision müssen wir gegen alle verteidigen, die glauben, dass Nationalstaaten, Rasse oder Klasse das Maß der Dinge sind. Zur Lösung der heutigen Probleme können wir auf niemandes Beitrag verzichten, deshalb ist jegliche Ausgrenzung nicht nur dumm, sondern selbstgefährdend gefährlich. Nicht Wettbewerb, nicht der Sieg des Stärkeren, sondern Kooperation war und ist der Schlüssel zum Überleben der Menschheit!

Christen könnten hier eine herausragende Rolle spielen und Vorbild sein. Dabei gilt, wenn meine Analyse richtig ist: Man kann heute nicht nichtpolitisch und nicht nichtmissionarisch sein. In der aufgeheizten Stimmung unserer Zeit ist auch eine Entscheidung gegen Engagement und gegen das missionarisch-bekennende Leben unserer Wertvorstellung eine aktive und folgenreiche Positionierung.

Man kann auf viele Weisen Christ sein. Charismatisch, tridentinisch, prophetisch, diplomatisch, sozialaktivistisch ... Aber eines ist unabdingbar: Charakter und Qualität eines jeden Christseins erweist sich nicht im Wort und Bekenntnis, sondern in der Tat! »Nicht jeder, der zu mir sagt: Herr! Herr! wird in das Himmelreich kommen, sondern wer den Willen meines Vaters im Himmel tut. Viele werden an jenem Tag zu mir sagen: Herr, Herr, sind wir nicht in deinem Namen als Propheten aufgetreten und haben wir nicht in deinem Namen Dämonen ausgetrieben und haben wir nicht in deinem Namen viele Machttaten gewirkt? Dann werde ich ihnen antworten: Ich kenne euch nicht. Weg von mir, ihr Gesetzlosen!« (Mt 7,20–23). Oder man nehme das Gleichnis von den zwei Söhnen, denen der Vater einen Auftrag gibt: Der Erste sagt »Ja und Amen!«, tut aber nichts. Der zweite sagt: »Null Bock«, bekommt dann aber Gewissensbisse und tut es. Jesus lobt, natürlich, den Zweiten (Mt 21,28–31).

Christliche Verpflichtungen, es kann nicht oft genug betont werden, gelten selbstverständlich gegenüber allen Menschen. Im Gleichnis vom Weltgericht (Mt 25) fordert Jesus auf, menschliche Not zu lindern, nicht die Not der Glaubensgeschwister. Und er identifiziert sich persönlich mit den Notleidenden: »Was ihr XY getan habt, das habt ihr mir getan« (und nicht: »das ist so gut, als ob ihr es für mich tun würdet« oder »das ist so gut, dass ihr dafür belohnt werdet« etc.). Und am Wichtigsten: Der Christ ist nicht nur dazu verpflichtet, Schaden von anderen fernzuhalten. Die Goldene Regel Jesu lautet nicht: »Was du nicht willst, das man dir tu, das füg auch keinem andern zu.« Jesus formuliert sie, meines Wissens einzigartig, proaktiv und sagt »Alles, was ihr wollt, dass euch die Menschen tun, das tut auch ihnen! Darin besteht das Gesetz und die Propheten« (Mt 7,12). Es ist mir völlig schleierhaft, wie der Vorsitzende der »Vereinigung Christen in der AfD« meint, dass dies nur für die Hilfsbedürftigen gilt, »soweit sie Gott vor unsere Füße legt«, und dass daraus weder für mich noch für den Staat eine Verpflichtung erwächst, »nach Afrika zu fahren und mich dort um sie zu kümmern. Christliche Nächstenliebe kann ich nicht dem Staat aufbürden« (Kuhs, 2019). Doch, weil ich es als Bürger eines der reichsten Länder der Erde ressourcenmäßig kann und weil unser Staat immer noch den Anspruch erhebt, in der jüdisch-christlichen Tradition zu stehen.

All dies verkennt und leugnet nicht die Tatsache knapper Ressourcen oder die Notwendigkeit, Mehrheiten und Kompromisse zu finden. Aber ein Handeln nach diesen Maßstäben würde sicherlich auf vieles, was aktuell diskutiert wird, noch eine große Schippe drauflegen können.

»Eine andere Welt ist möglich!«, jetzt und jederzeit. Bedürfte es eines Beweises, so ist es das Heranwachsen einer kleinen Sekte im Hinterhof des Römischen Reichs zu einer Weltreligion. Und: Dass die Botschaft und Gegenwart des Gründers trotz aller institutioneller und menschlicher Verdunkelung es immer noch vermögen, Menschen zu inspirieren und zu begeistern.

Allen Nicht-Christen, die meinen christlichen Optimismus nicht teilen, seien die zwei Ermahnungen ans Herz gelegt, die Rutger Bregman an das Ende seines Utopie-Buchs setzt (2017, S. 263). Erstens: Man möge den Fernseher abschalten, sich nicht länger mit Katastrophennachrichten und Pessimismus abfüllen lassen, sondern umsehen. Dann entdecke man, dass es sehr viele Menschen gibt, die so wie wir denken und die Welt zum Besseren verändern möchten. Sicherlich gibt es viele konsumorientierte Egoisten. Aber es gibt ebenso viele, in denen die Sehnsucht nach mehr lebendig ist, nach etwas, das man nicht kaufen und besitzen kann. Erforderlich ist, dass diese sich endlich zusammenschließen und anfangen, gemeinsam an dieser Vision zu arbeiten. Dabei möge man, zweitens, nicht auf jene hören, die einen als Utopist, Spinner, Gutmensch oder linke Socke verspotten. Wer die Welt verändern will, wird stets unrealistisch, unvernünftig und unmöglich erscheinen. So war es mit allen, die die Welt vorangebracht haben und jetzt auf der richtigen Seite der Geschichte stehen. Vergeuden wir nicht mehr länger Energie auf die Auseinandersetzung mit den Verteidigern aktueller Besitzstände und Gewohnheiten. Konzentrieren wir uns stattdessen auf das Erkennen von Aufbrüchen und das Gestalten eines besseren Morgen.

Persönliches Schlusswort

Ich gebe gerne zu: Angesichts der heranwachsenden Herausforderungen und dem unangemessenen Umgang damit fühle ich mich oft mut- und kraftlos. Dann muss ich mir immer wieder das in Erinnerung rufen, was ich bereits oben zu Kipppunkten gesagt habe: Jedes Engagement lohnt sich, denn je nach den Umständen kann ein Einzelner Großes in Gang setzen. Hinzu kommt eine zweite Erfahrung, dass nämlich Gott unserem Bemühen entgegenarbeitet, weshalb tatsächlich das Wort des Psalms gelten kann: »Mit meinem Gott überspringe ich Mauern!« (Psalm 18). Wie oft habe ich die Erfahrung gemacht, dass trotz cleverster und sorgfältigster Planung der Durchbruch in einer komplexen Angelegenheit nicht auf meine Bemühungen zurückgeführt werden kann, sondern dass Gott »hinter den Kulissen« das Herz meines Gegenübers in irgendeiner Weise angerührt hat. Hier braucht es Gebet der Aufmerksamkeit, um dies zu erkennen und seine eigenen Anstrengungen immer wieder neu auf Gottes Entgegenkommen auszurichten. Mein Ordensgründer, Ignatius von Loyola, soll es so formuliert haben: »Vertraue so auf Gott, als hinge der gesamte Erfolg der Dinge von dir, nichts von Gott ab; wende ihnen jedoch alle Mühe so zu, als werdest du nichts, Gott allein alles tun.« Wichtig ist auch das Fürbittgebet, ein Einfallstor für Gottes Hilfe, welches sonst, weil Gott den freien Willen respektiert, womöglich verschlossen bliebe. Und sollte Gott es einmal nicht so machen, wie ich es erbitte: Im Rückblick auf Enttäuschungen habe ich oft überraschenderweise entdeckt, dass das so erzielte Ergebnis besser ist als das, wofür ich einst gebetet habe. »Gott schreibt auf krummen Linien gerade« und »God has a funny sense of humour, but a perfect sense of timing« sind für mich wichtige Erkenntnisse geworden.

Dennoch: Sind die Probleme der Welt nicht zu groß und zu dringend, als dass wir sie lösen könnten? Sollten wir nicht eher für Gottes Eingreifen und ein Wunder beten? Nein, die meisten der großen Probleme dieser Welt sind nicht von Gott zu verantworten, sondern menschengemacht, also können sie auch von Menschen gelöst werden. Und da Gott allmächtig und allwissend ist, hat er sicher mit der Dummheit und Bosheit der Menschheit gerechnet und hier und da einige Sicherungen eingebaut, damit selbst für das augenscheinlich Katastrophale immer noch gilt: All das geschieht, »damit wir unser Vertrauen nicht auf uns selbst setzten, sondern auf Gott, der die Toten auferweckt« (2 Kor 1,9).

Zudem reicht Jesus Beten allein nicht. Hier ist er ganz klar im Gleichnis von den Talenten: Jeder hat ausreichend Talente mitbekommen, um damit etwas zum Guten bewirken zu können – auch jener, der nur ein Talent erhalten hat (Mt 25,14–20). Kein einzelner Beitrag eines Einzelnen ist zu gering, als dass er nicht Fundament und Hebel dafür werden kann, etwas unumkehrbar Positives in Gang zu setzen! Bedenke auch den Ausspruch des Dalai Lama: »Falls du glaubst, dass du zu klein bist, um etwas zu bewirken, dann versuche einmal zu schlafen, wenn ein Moskito im Zimmer ist.«

Es bleibt die Herausforderung, dass trotz aller Bemühungen allzu oft die Mächte des Bösen gewinnen und dem Guten Schaden zufügen. Hier hält mich das Vertrauen auf eine letzte Gerechtigkeit aufrecht, die normalerweise im Bild vom Jüngsten Gericht ausgedrückt wird. Spätestens dort werden jene, denen es trotz ihrer Untaten in diesem Leben »unverdient« gut geht, den endgültigen Lohn für ihre Taten erhalten. Könnte ich nicht an diese letzte Gerechtigkeit glauben, würde ich oft verzweifeln.

Abkürzungsverzeichnis

Auf folgende kirchliche Dokumente wurde häufiger Bezug genommen:

CA	Centesimus Annus, 1991
CIV	Caritas in Veritate, 2009
DCE	Deus Caritas Est, 2005
GS	Gaudium et Spes, 1965
LG	Lumen Gentium, 1964
PP	Populorum Progressio, 1967
QA	Quadragesimo Anno, 1931
SRS	Sollicitudo Rei Socialis, 1987

Literaturverzeichnis

Alt, J. (2001). *Die Verantwortung von Staat und Gesellschaft gegenüber »illegalen« Migranten.* In J. Alt & R. Fodor, Rechtlos? Menschen ohne Papiere (S. 15–124). Karlsruhe: von Loeper.

Alt, J. (2009). *Globalisierung, illegale Migration, Armutsbekämpfung – Analyse eines komplexen Phänomens.* Karlsruhe: von Loeper.

Alt, J. (2016). *Wir verschenken Milliarden – Erkenntnisse aus dem Forschungsprojekt »Steuergerechtigkeit und Armut«.* Würzburg: Echter.

Alt, J. (2018). *Was tun? Katholische Soziallehre als normativer Kompass. Kurzfassung – Diskussionspapier.* Von Jörg Alt – Forum: https://tinyurl.com/NormativerKompass abgerufen

Alt, J. (2018c). *Trump, Brexit und Populismus: Krise und Chance – Langfassung.* Von Jörg Alt – Forum: https://tinyurl.com/Amos1801Lang abgerufen.

Alt, J. (7. März 2018d). *Freihandel und Katholische Soziallehre: Worüber wir uns eigentlich streiten sollten.* Von Globalisierung und Armutsbekämpfung: https://tinyurl.com/tjpFreihandel abgerufen.

Alt, J. (2018f). *Taxation and Transformation: The use and usefulness of Catholic Social Teaching, taxes and tax-related instruments to advance systemic change.* Von Tax Justice & Poverty: http://tinyurl.com/MaxxTax abgerufen.

Alt, J. (2018g). *Bedingungsloses Grundeinkommmen – Zukunft oder Illusion? Von Globalisierung und Armutsbekämpfung*: http://tinyurl.com/2018gGrundeinkommen abgerufen.

Alt, J. (2018i). *Letter to the Austrian EU-Presidency – Backup-Notes for the letter »Flows of Migrants, Flows of Money«.* Von Tax Justice & Poverty: http://tinyurl.com/KneisslBackup abgerufen.

Alt, J. (2019). *Ein dritter Weg? Gemeingüter (Commons) und die Katholische Soziallehre.* Von Jörg Alt – Forum: https://tinyurl.com/AltCommons abgerufen.

Alt, J. (o. J.). *Krise der Demokratie – Gedankenskizzen.* Von Jörg Alt – Forum: http://tinyurl.com/KriseDemokratie abgerufen.

Alt, J. & al. (22. April 2016b). *Concepts and Context of the Research: Technical Version. Chapters 5–8.* Von Tax Justice & Poverty – Introduction: http://tinyurl.com/tjp-I4technical-5-8 abgerufen.

Bernoulli, H. (1946). *Die Stadt und ihr Boden.* Erlenbach-Zürich: Verlag für Architektur.

Böckenförde, E.-W. (24. April 2008). *Woran der Kapitalismus krankt*. Süddeutsche Zeitung, S. 8.

Bosch, I. (28. November 2018). *»Der Kapitalismus schmeißt das Geld ganz nach oben«*. Von Die Zeit: http://www.zeit.de/wirtschaft/2017-11/ise-bosch-reichtum-spd-ungleichheit abgerufen.

Bregman, R. (2017). *Utopia for Realists – and how we can get there*. London: Bloomsbury.

Crouch, C. (2019). *The Globalization Backlash*. Amazon Kindle.

Dafoe, A. (August 2018). *AI Governance: A Research Agenda*. Von Future of Humanity Institute, University of Oxford: https://www.fhi.ox.ac.uk/wp-content/uploads/GovAIAgenda.pdf abgerufen.

de Berri, E. & Hug, J. (2010). *Catholic Social Teaching: Our Best Kept Secret* (4. Ausg.). Maryknoll: Orbis.

Degens, P. (Februar 2013). *Alternative Geldkonzepte – ein Literaturbericht*. Von Max-Planck-Institut für Gesellschaftsforschung: http://www.mpi-fg-koeln.mpg.de/pu/mpifg_dp/dp13-1.pdf abgerufen.

Dietschy, B. (2017). *Der Konziliare Prozess und die Agenda für nachhaltige Entwicklung – Übereinstimmungen und Unterschiede*. In: Jahrbuch Diakonie Schweiz 2017, Seiten 33–73.

Elsässer, L., Hense, S. & Schäfer, A. (2. Juni 2016). *Systematisch verzerrte Entscheidungen? Die Responsivität der deutschen Politik von 1998 bis 2015.* Von Armut-und-Reichtumsbericht.de: http://www.bmas.de/DE/Service/Medien/Publikationen/a-305-4-endbericht-systematisch-verzerrte-entscheidungen.html abgerufen.

Emunds, B. (2010). *Ungewollte Vaterschaft. Katholische Soziallehre und Soziale Marktwirtschaft.* Ethik und Gesellschaft (1/2010: »Wem gehört die ›Soziale Marktwirtschaft‹?« Herkunft und Zukunft einer bundesrepublikanischen Erfolgsformel), S. 1–23.

ESPAS. (2019). *Global Trends to 2030 – Challenges and Choices for Europe.* Brussels: European Strategy and Policy Analysis System.

Frambach, H. & Eissrich, D. (2015). *Der dritte Weg der Päpste: Die Wirtschaftsideen des Vatikans.* München: UVK Verlagsgesellschaft.

Funke, M., Schularick, M. & Trebesch, C. (October 2015). *Going to Extremes: Politics after Financial Crises, 1870–2014.* Von Econstor: https://www.econstor.eu/bitstream/10419/123202/1/cesifo_wp5553.pdf abgerufen.

Harari, Y. N. (2015). *Sapiens – A Brief History of Humankind.* New York: Harper Perennial.

Helfrich, Silke; Heinrich-Böll-Stiftung (2012). *Commons – Für eine Politik jenseits Markt und Staat.* transcript.

Hengsbach, F., Emunds, B. & Möhring-Hesse, M. (Hrsg.) (1993). *Jenseits Katholischer Soziallehre. Neue Entwürfe christlicher Gesellschaftsethik.* Düsseldorf: Patmos.

Himes, K. R. (2018). Catholic Social Teaching in a Church that is Both Local and Universal. In A. Autiero & L. Magesa, *The Catholic Ethicist in the Local Church* (S. 66–78). New York: Orbis – Maryknoll.

Keynes, J. M. (1930). Economic Possibilities for our Grandchildren. In J. M. Keynes, *Essays in Persuasion* (S. 358–373). New York: W. W. Norton & Co.

Kongregation für die Glaubenslehre; Dikasterium für den Dienst zugunsten der ganzheitlichen Entwicklung des Menschen (6. Januar 2018). *Erwägungen zu einer ethischen Unterscheidung bezüglich einiger Aspekte des gegenwärtigen Finanzwirtschaftssystems.* Von Vatican.va: http://www.vatican.va/roman_curia/congregations/cfaith/documents/rc_con_cfaith_doc_20180106_oeconomicae-et-pecuniariae_ge.html abgerufen.

Kirchhof, P. (Juni 2011). *Bundessteuergesetzbuch.* Retrieved from http://docs.dpaq.de/16-kirchhof_bstgb_sonderdruck.pdf.

Kuhs, J. (7. September 2019). *»Nächstenliebe ist grundsätzlich begrenzt auf Deutschland«*. Von Berliner Tagesspiegel: https://www.tagesspiegel.de/politik/afd-politiker-kuhs-zur-fluechtlingspolitik-naechstenliebe-ist-grundsaetzlich-begrenzt-auf-deutschland/24989528.html abgerufen.

Latouche, S. (9. April 2015). *»Wir müssen den Kapitalismus aus unseren Köpfen bringen«*. Von Die Wochenzeitung: https://www.woz.ch/-5bca abgerufen.

Lee, K.-F. (2018). *AI Superpowers: China, Silicon Valley, and the New World Order*. Amazon Kindle.

Lessenich, S. (2016). *Neben uns die Sintflut. Die Externalisierungsgesellschaft und ihr Preis*. München: Hanser.

Mack, E. (2012). Vaticanum II – das Tor zu einer modernen christlichen Ethik wird geöffnet. In *Den österlichen Mehrwert im Blick – Theologische Beiträge zu einer Kirche im Umbruch* (Erfurter Theologische Schriften Ausg., Bd. 42, S. 127–141). Würzburg: Echter.

Mason, P. (2015). *PostCapitalism: A Guide to Our Future*. London: Penguin-Amazon Kindle.

Maxton, G. (2018). *Change! Warum wir eine radikale Wende brauchen*. München-Grünwald: Komplett Media.

Mazzucato, M. (2018). *The Entrepreneurial State: Debunking Public vs. Private Sector Myths*. London: Penguin Books.

Merkel, A. (31. Januar 2009). *Rede von Bundeskanzlerin Dr. Angela Merkel auf dem Weltwirtschaftsforum*. Abgerufen am 14. Februar 2017 von Bundesregierung.de: https://www.bundesregierung.de/Content/DE/Bulletin/2009/01/14-3-bk-davos.html.

Merkel, A. (1. September 2011). *Pressestatements von Bundeskanzlerin Angela Merkel und dem Ministerpräsidenten der Republik Portugal, Pedro Passos Coelho*. Abgerufen am 14. Februar 2017 von Bundesregierung.de: https://www.bundesregierung.de/ContentArchiv/DE/Archiv17/Mitschrift/Pressekonferenzen/2011/09/2011-09-01-merkel-coelho.html.

Merkel, W. (26. Juli 2014). *Is capitalism compatible with democracy?* Von Springer Fachmedien: https://link.springer.com/article/10.1007/s12286-014-0199-4 abgerufen.

Nell-Breuning, O. v. (1980). *Gerechtigkeit und Freiheit – Grundzüge katholischer Soziallehre*. Wien: Europa Verlag.

Nell-Breuning, O. v. (1983). *Worauf es mir ankommt – Zur sozialen Verantwortung*. Freiburg: Herder.

Nowak, M. (2011). *Super-Cooperators. Evolution, Altruism and Human Behavior*. London: Cannongate.

OECD (2017b). *Preventing Policy Capture – Integrity in Public Decision Making*. Paris: OECD Publishing.

Oxfam (Januar 2019). *Im Öffentlichen Interesse – Ungleichheit bekämpfen, in soziale Gerechtigkeit investieren*. Von Oxfam Deutschland: https://www.oxfam.de/system/files/oxfam_factsheet_deutsch_im-oeffentlichen-interesse-ungleichheit-bekaempfen-in-soziale-gerechtigkeit-investieren.pdf abgerufen.

Paech, N. (2011). *Befreiung vom Überfluss*. München: Oekom.

Pehlemann, R. (2007). *Die Verankerung der klassischen Sozialprinzipien im Grundgesetz der Bundesrepublik Deutschland*. München und Ravensburg: Grin.

Piketty, T. (2014). *Capital in the twenty-first century*. Cambridge: Belknap Press.

Piketty, T. (2020). *Kapital und Ideologie*. München: C. H. Beck.

Pontifical Council for Justice & Peace (2005). *Compendium of the Social Doctrine of the Church*. Rome: Libreria Editice Vaticana.

Popper, K. (1947). *The Open Society and its Enemies – The Spell of Plato*. London: George Routledge & Sons. Von Internet Archive Book Reader – Universal Library: https://archive.org/details/opensocietyandit033120mbp abgerufen.

Pritchett, L. (2009). *The Cliff at the Border*. Von Semanticscholar: https://pdfs.semanticscholar.org/8777/042b950ca0356fec9236d2214886cbacd083.pdf abgerufen.

Randers, J. & Maxton, G. (2016). *Ein Prozent ist genug. Mit wenig Wachstum soziale Ungleichheit, Arbeitslosigkeit und Klimawandel bekämpfen*. München: Oekom.

Raworth, K. (2017). *Doughnut Economics – 7 Ways to Think Like a 21st Century Economist*. Amazon Kindle.

Rifkin, J. (2015). *The Zero Margian Cost Society – The Internet of Things, the Collaborative Commons, and the Eclipse of Capitalism*. Amazon Kindle.

Rödder, A. (16. Juli 2019). *»Panik ist nicht vernünftig«*. Von die tageszeitung: https://taz.de/Historiker-ueber-Konservatismus/!5606558/ abgerufen.

Rodrik, D. (2011). *Das Globalisierungs-Paradox. Die Demokratie und die Zukunft der Weltgesellschaft*. München: Beck.

Schellnhuber, H.-J. (14. Mai 2018). *Der Klimawandel ist wie der Einschlag eines Asteroiden*. Süddeutsche Zeitung, S. 11.

Sen, A. (2010). *The Idea of Justice*. London: Penguin.

Skidelsky, E. & Skidelsky, R. (2012). *How much is enough? Money and the good life*. London: Penguin.

Stanley, J. (2018). *How Fascism Works – The Politics of Us and Them*. Amazon Kindle.

Steffen, W., Rockström, J. & al. (14. August 2018). *Trajectories of the Earth System in the Anthropocene*. Von Proceedings of the National Academy of Sciences of the USA: http://www.pnas.org/content/115/33/8252 abgerufen.

Tighe, P. (26. January 2017). *Catholic Social Teaching in the Digital Age*. Von Centesimus Annus: http://www.centesimusannus.org/media/2jhlx1489501082.pdf abgerufen.

Turner, A. (27. August 2009). *How to tame global finance*. Abgerufen am 14. Februar 2017 von Prospect: http://www.prospectmagazine.co.uk/features/how-to-tame-global-finance.

Wagenknecht, S. (2016). *Reichtum ohne Gier*. Campus: Frankfurt.

WBGU (2011). *Hauptgutachten Welt im Wandel – Gesellschaftsvertrag für eine Große Transformation*. Berlin: Wissenschaftlicher Beirat der Bundesregierung für Globale Klimaveränderungen.

Wissenschaftliche Dienste (20. November 2013). *Katholische Soziallehre und Soziale Marktwirtschaft. Ursprünge, Entwicklung und Zusammenhänge*. Von Wissenschaftliche Dienste des Deutschen Bundestags: https://www.bundestag.de/resource/blob/410294/7c8cf7a89922d9a11b53bd2efdaa4c8b/wd-1-073-13-pdf-data.pdf abgerufen.